岩波文庫

30-221-2

宇下人言・修行録

松平定信著
松平定光校訂

岩波書店

解　題

『宇下人言』及び『修行錄』は、共に樂翁、松平定信の自敍傳である。

松平定信、號は樂翁、又は風月翁、花月翁ともいつて、八代將軍德川吉宗をその祖父とし、かの國學、有職故實、及び歌學等に一家を成した田安宗武をその父として、寶曆八年十二月二十七日を以て江戸に呱々の聲を擧げた。

その幼名を賢丸《まさまる》といふ。宗武はその師傅として大塚大助孝綽、近侍として水野左內爲長等を擧用して、頗るその庭訓に心を用ひた。彼の後世に於ける學問の淵源は遠く此處に索めることが出來る。

安永三年年十七の時、台命に依つて奧州白河城主松平越中守定邦の養子となり、翌四年從五位下上總介に任ぜられ、天明三年所謂天明の大飢饉と稱せらるゝ未曾有の凶年に際し、養父定邦致仕の後を承け、衆望を擔つて封を襲ひ、越中守に任ぜられた。襲封早々此の難局打解を擔當した定信は、此處に於て異常の決心を以て之に對し、家臣領民を諭し、身を以て範を示して勤儉の風を作興し、飢民に食を與へ、枯渇に瀕せる藩財政を立直すなど縷骨の努力をしたので、領民亦生活の安定を得るに至り、皆安堵の胸を撫で下したのであつた。茲に於て彼は豫て抱懷せる經倫を續續實行に移して、その治績の見るべきもの大なるものがあつた。それで天明五年再び參覲するや、心ある諸侯にしてその門を叩き、經國の方策、修養等につきて教を乞ひ、又共に研究するもの少くなきに至つたことは、彼のこの難局に對する處置が、如何に適切であり、妥當であつたかを示すものである。時恰かも田沼意次の失政により幕政危機に陷り、物情人心頗る騷然たりし時、彼は遂に拔擢せられて老中首座となり、幕政燮理の大任を擔つた。時に天明七年六月十九日、三十歲の働き盛りのことであつた。これより足かけ六年、寛政五年七月二十三日、願ひにより老中を免ぜらるゝ日迄、財政上に國防上に、或は文政上に、夙夜心魂を打ち込んで所謂寛政改革の治績を擧げた。その間天明八年偶　皇居の炎上するや、定信は恐悚自ら御造營の御事を督し、肝膽を碎いて之が奉仕をした。老中を退いてからは專らその藩治に心を傾け、旁ら著作に從ひ、文化八年外國船の海邊を脅すや、自ら房總の沿岸を巡視して海防の計を樹て、文化九年四月致仕の後は、専ら觀月詠花、著作研究に自適の日を送り、世事の煩を避けつゝも、なほ靜かに世の推移を凝視しつゝ、文政十二年五月十三日、七十二歳を以て江戸に館を捐てた。

定信はこの七十二年の生涯に於て、政治、經濟、文學、考古、兵學等のあらゆる部面に亙つて、殆ど二百種に垂んとするの著作を遺した。その中にその自敍傳として『宇下人言』及び『修行錄』の二種を數へることが出來る。然し乍らこれら二つの自傳は單に彼の多彩な生涯を亘細に描いたばかりでなく、共に特殊の內容を有つて居り、彼の特殊の意圖の下に、特定の對象の爲に敍記せられたものであつて、決して廣く人に見すべくして著はされた自敍傳ではない。卽ち『修行錄』は彼がその子孫後裔の爲に、その身心修養過程を敍記して以てその誘掖指導を意企したものであり、又『宇下人言』は子孫にして後世再び老中の職に就く者の爲に、彼の老中在職中に實施せる庶政の記錄を遺してその參考とし、又指針ともなさんと意圖せるものである。

『宇下人言《うげのひとこと》』は今原本がその子孫たる私の家に傳へられてゐる。原本は美濃紙大本四冊に認められてある稿本であつて、著者自らの手に依つて、或る他の重要書類と共に、三重の箱に嚴緘の上、祕函として傳來したものである。私の家では爾來神聖なものとして本函の封緘に手を觸れなかつたのであつたが、明治年間私の祖父定敎の代に至り、自然にその封が解けたのを發見した。祖父は恐悚之を改めるに及んで、この『宇下人言』は、定信が心血を傾けて、將來再び幕政燮理の大任を負ふべき子孫の爲に自身の幕閣にあつて實施した庶政を、ありのまゝに書綴つてその參考に充てたものであつて、所謂寛政改革の實相の、その直接責任者たる定信自らの、その立場からの施政記錄であることが明かとなつた。然し以來家としても未だ之を公にすることを憚つて昭和に及んだのであつたが、昭和三年五月十三日はその歿後一百年に當り、百年祭を執行するに當つて、當主たる私の父が、旣に著者の歿後一百星霜を閲し、又奇しくもその封も解けて居ることであるから、此の手記も此の機會に大方に發表すべきものと考へて、之を剞劂に附して頒布したのであつた。

今その封緘の状態を檢するに、本書は他の書類と共に三重の木箱に收められ、中函と內函には、嚴重な封緘が施され、共に上面に「決而不㆑可㆓開封㆒」と自記し、且つ署名してある。そして内函と中函との間に、次の如き一通の封書を收めてゐる。この一書こそ、本書編述の意圖を明かに示すものであつて、

「此書付、子孫老中になり候ものは一覽有之べし。しかし他見は決てあるまじく、尤一覽の上、如元封し候て、早速納藏可有之、もし打ち捨て候ては決て不相濟候事。虫喰候とも虫干に不及。家老たりとも決て一寸と見候事も不相成候事。

文化十三年子年十月二十三日

又開封　　樂翁」

とある。これによつて、その著述の意圖は明瞭に想像出來るのであつて、この嚴封の年代は「又開封」とあるから、こゝに記された年代より以前であることも明かである。然るに本書見返しには、彼の側近にして、後彼の遺著を整理し、且つ彼の傳記「御行狀記料」をものした田内主稅親輔といふ者が左の如き解題を附してゐる。

「この一冊子はそのかみ、ある御方の御ねがひによりて、かりそめにかゝせ給ひし也。其後火中せよと仰せありしを、御行狀記かき侍らん料にとて、しばし

かくひめをかむとのいさい希ひければ、さあらばしばしゆるさん。必ず人にはなみせそ、不用とならば、かならす丙丁せよと、かたく沙汰し給ひしものなれば、愼みて火中すべきもの也」

田内氏の解題はその人の閲歴人物から決して無視さるべきものでないから、この解題と、さきに述べた祕函の中に在つた書付との間の齟齬には、何等かの合理的な解釋が必要である。が、結局彼の此の書をこの祕函の中に自封した折の意圖は、明かに子孫への鑑戒であつて、その老中としての施政の參考に資せしめんが爲に在ることは容易に想像し得るところである。又本書の內容は寛政五年老中辭職願提出以後に係るものを載せてゐない。このことは前記編述の意企から當然のことであつて、その記述の內容から直ちに本書編述の年代を斷じ得ないが、蓋し老中退役後、あまり遠からざる頃の執筆と見て大過はあるまいと思はれる。

なほ本書の原本は明かに稿本であつて、淨寫を經たものではない。それは本書の所々に、「禁裡御詩……こゝへかくべし」とか、「その比被仰出候書付こゝへ小書すべし」とか記して省略に從ひ、淨書時の塡充を俟つてゐることがそれを證するのである。因みに本書外題は、著者の實名「定信」の二字を剖析して『宇下人言』の四字となしたものである。

『修行錄』の原本は、半紙大十數葉に認められ、子孫への鑑戒として私の家に傳へられた。これも昭和三年、百年祭の際、舊封地桑名なる縣社鎭國守國神社より記念に發刊せる「春の心」の中に收められてゐる。又古くは修養文庫（有馬祐政氏編）の中に修養錄と題して收載せられたこともある。

これは中に「午十二月七日認」、及び「文政六年三月五日云云」等の記事があつて、文政五、六年頃、數次に別けて書き綴られたものであることが知られる。その內容は彼の壯年時以來の心身修行の跡を自記せるものであつて、「されば、只我六十餘りにても修行することかき殘すは、後裔志を立てよといふ教にて、いさゝか自負する事にはあらず」とあることは、この自傳が子孫鑑戒の爲にものせるものであることを示す。

本書の內容の大部分は、彼の自得せる神武《しんぶ》の道の修行過程である。而して、そのあとにやゝ養生法や、その他の事を書き添へてゐる。

神武の道とは、彼が壯年時にその柔道の師鈴木清兵衞邦敎といふ人から傳授されたものであつて、常住坐臥一種の呼吸調整によつて、天人合一の境地を自得する祕傳であり、彼は之によつて人格より神格への向上に成功し、「我は神なり」の自覺を得て、生き乍ら自らを祀る生祠の建立をすらなしてゐる。このことはその著『自書略傳』(東圓堂宮建て方)等に記され、その生祠の木像も大正十二年の震災まで存してゐた。彼の思想、その行狀等はすべてこの道を根柢として出發し、彼はその祕傳として、「氣といふことをとける文」「勝負のことをとける文」「かたちの敎といふことをしるす文」の三部の書を殘してゐる。『修行錄』がその道の修行過程を誌し、その道を自得せる效果を敍記せることは、この三部書の總說ともいふことが出來るのである。

抑〻彼の思想その行跡等を眞に理解するには、彼の立つたこの神人合一の世界觀を理解することがその缺くべからざるものであつて、『宇下人言』に見えるあらゆる場合に際しても常に決して動かざる確固たる信念も、この修行あつたればこそであつたと思はれる。

最後に校訂者が子孫としてこの兩書を校訂し、著者の肉筆の跡を辿りつゝ本文庫本を編むに當つて、再びその宇下人言を藏せる祕函を檢して、その嚴肅なる封緘の前に、肅然襟を正して幾度か此の發刊を逡巡したのであつた。然し思ひかへして見れば、今こそ本書の出づるべき時、時艱此處に至りてこそ、眞に本書が要求さるべきことと、子孫として些か烏滸がましくも思ひ至るに及んで、決然として之が上梓を決意し、著者が墓前に許容を乞うたのであつた。この書を世に送る私の氣持はただに樂翁の遺德を顯彰したい念からばかりではない。必ずや世人を裨益するところあるを信ずるが故にである。たゞ譾劣微力の爲に思はざる誤謬を冒し、爲に累を祖先の德に及ぼすことを悚れる。

終りに臨み、本書上梓に當り、常に溫い御指導を賜つた、板澤武雄先生に厚く御禮を申上げる。そして又原稿淨寫校正等に助力を與へて下さつた、關口登紀子、倉本紀子、伊藤なを三氏の勞に對しても感謝の意を表する次第である。

昭和十六年九月二十日

鎌倉にて　松平定光識

凡例

一、『宇下人言』、及び『修行錄』の兩書とも、家藏著者自筆本を底本とした。
一、すべて原本のまゝ忠實に寫すことを原則としたが、讀者の便を考慮して、校訂に際して左の如き方針を採つた。
イ　句讀點、引用符を加へ、濁點を統一した。
ロ　明かな脫字は之を加へて括弧（　）を以て示した。
ハ　明かな衍字は括弧〔　〕を以て圍んだ。
ニ　固有名詞で假名書のものは、行間に宛漢字を附した。
ホ　讀み難い漢字は、平假名を以て振假名し、原著者の振假名である片假名と區別した。
ヘ　年代・人名等で飜讀に必要と思はれるものは、出來得る限り行間に括弧して註した。なほ原割註に加へたものは、止むを得ず文中に括弧を以て加へた。

ト　原本の頭註は組版の都合上　奇數頁左端へ★印を附して出した。

チ　註は最少限度に止めた。

リ　原本には後淨寫の時を俟つて省略を加へ「こゝへ……を書くべし」等と指示するに止まれるところがある。かやうなものもこのまゝ寫し、然る後それに示せる文獻を補ひ、その旨を註記した。

ヌ　原本には「この處末へ出す」など記して、出すべきところへその符號を附した部分があるが、これも本書に於ては原本のまゝの形に止め、その旨を奇數頁左端に註しておいた。

ル　卷頭の目次は校訂者に於て新に編んだものである。

目次

宇下人言

宇《う》下《げの》人《ひと》言《こと》

寳曆八年歲星戊寅にやどる。十二月廿七日生る。生れてより虛弱なりければ、いたつきにのみかゝりて、生育のほどたのみなかりしとぞ。伊東江雪法眼なんどいふ醫師、灸藥をほどこしたりければやゝ長じぬ。生母は香詮院殿（山村氏）といふ。わが名は賢丸（まさまる）といふ。五つの春（寳曆十二）二月（二十二日）田邸災あり。予は乳母の腹にして上苑吹上をいふ。の瀧見の御茶屋へのがれたり。いまにもその炎火のさまおぼえてゐ侍るなり。上使ありて、　御城へ退き侍れとの　仰にて、悠然院殿（田安宗武）・寳蓮院殿（宗武室近衞氏）・高尙院殿（田安治察）御はじめとして、予が如きまでも皆々のぼりたり。　將軍家治公いとまめやかに仰ごとありて、くまくまの御惠み淺からず。このとき百猿ノ御卷物と、山本大夫の奉りし伊セ《勢》の御はらひは賜はりしなり。そのときしばらく御城にゐたりければ、心や欝し侍らんとて、吹上の上苑にともなひ給ひ、或は能興行ありたり。　悠然院殿・寳蓮院殿は五六日もやたちけん、宮內卿殿（清水家）の別業の、芝といふ所にあなるをかりてすみ給ふとて、御城をば退ん出給ひぬ。予らは久々御城にはゐたりけり。いと　御惠淺からず、　將軍家にもことに鍾愛し給ひける御事とて、のち〳〵にかたりきかせ侍る事なり。それより田邸の別業、よつやの里に假のとのづくり出きてげれば、予らもみな御城をば退ん出侍りぬ。

あけのとし田邸の御やかた出來にければ皆々うつりぬ。

（寶暦十三）六つのとしに大病にかゝりたり。いくべきほど心もとなかりけれど、高嶋朔菴法眼（そのころは祐菴といひて田邸の臣なり。後＊種姫君にしたがひたれば法眼にはなりぬ。）ら、おほくのくすし打つどひて醫しぬ。九月のころ平愈す。

（明和元）七つの比にやありけむ、孝經をよみならひ假名なんどを習ひたり。（書と學問の師は大＊塚大助孝綽といふ。）

八つ九つのころ、人々みな記お《憶》くもよく才もありとてほめののしりければ、わが心ながらさもあることよとおもひしぞはかなけれ。その後大學などよみならひたる比、いくかへり教へられ侍りても得覺え侍らずして、さては人〳〵のほめのゝしりけるはへつらひおもねるにてこそ、實はいと不才にして不記お《憶》くなりけりと八つ九つのころふとさとりぬ。これを思へばおさなきときほめののしるはいとあしき事なるべし。十あまりのころより、名を代々に高くし、日本もろこしへも名聲をならさんとはかりけるも、大志のやうなれどもいとおろかなる事にぞ侍りけれ。そのころより大字など多く寫して人のもとめに應たりけり。みな〳〵こひもとめしも、へつらひのたねに生ひ出し事なれば、そのもとめに應じてかきける心いと淺かりけれ。

十あまり二つ（明和六）のころより著述をこのみて、通俗の書などあつめ、大學の條下にあふ事々をかきあつめして、人の教戒のたよりにせまほしくおもひたちてかきけれども、ふるき事もおぼえ侍らぬうへ、通俗の書はいつはり多しと聞ければやめたり。いま思へば眞西山の大學衍義の旨趣に類したる大旨なれば、あつめ侍らざりしぞ幸ひともいふべきにぞ。此ころよりうたもよみたれど、みなこしおれの類ひにて覺えもしはべらず。またたよる人もなければ、みづからよみて反古にのみしたり。すゞ《鈴》か《鹿》山の花のころ、旅人の行きかふさま畫かきたるをみて、「すゞか山たびぢのやどは遠けれど、ふり捨がたき花の木の本」とよみたるも、十あまり一つの比にやありけむ。

十まり二つのとき、自教鑑*といへる書をかへ《い》たり。大塚氏に添削をこひたれば、そのうちの書にしては見よきなり。いまもあり。清書のころ明和七つとあれど、もとは五年のころよりつくりたり。ちゝうへ（田安宗武）喜び給ひて史記を賜ふ。いまも藏書になしぬ。十まり一つ二つのころより詩を作りけれど、平仄もそろひかねて、詩ともいひがたきほどなり。雨後詩に、「虹晴淸㆓夕氣㆒、雨歇散㆓秋陰㆒、流水琴聲響、遠山黛色深」七夕詩に、「七夕雲霧散、織女渡二銀河一、秋風鵲橋上、今夜莫レ揚レ波」とよみたるも、多く師《(大塚大助)》の添削にあひたれば、かゝることばとはなりたりける。

この比より弓・猿樂をこのみてならひぬ。馬・劍術・鎗術も此比よりなしぬ。されども弓と猿樂はことに好みたり。弓はよるとなく晝となくい《射》たりしかば、十まり五つの比に哉ありけん、市川といへるあたりにて白雁をも射とめて高尚院殿《(治察)》より矢の羽など賞に給《賜》はりし。師にとひて弓道の密旨さぐりて其むねに射ばやとおもひしに、業つたなくして理高かりしかば、つゐにくせをやみて、いとど拙なくなりたりける。これもまた、人のほめのゝしりしにぞ、われもしらずに心の高くなりたりけるぞあさましけれ。もとおろかなるものは、何事をなしてもおろかより失するぞせんかたなき。吾が師常見氏、弓傳のたゆるをなげきて、弓書のこりなくわれに傳へぬ。予が拙手いかで傳を得んと辭しけれども、しゐてあたへしかば、封しておさめ置たり。天明六のとし岡田平右衞門射をよくしければ、これにより〱つたへ侍る事なり。猿樂は觀世大夫織部といへるにならひうけたり。かなしき心、うれしき心、いとゐと其情にあふやうにと心がけたり。之にひま失なひしぞ今さらくやみてもかひなし。

十あまり六つの比よりしてつねに廢し、廿の比よりたえてせざりしなり。いまはいむといふほどに思ふなり。もののふてふなかにも、王公貴人が盛久をまふて、みづからもり《盛》ひさ《久》になり、敵にとらはれてきらるべきに、信ずる佛によりて命全きとて、敵のまへにて一さしうたひまひていさみたるやうなる事は、かりにもなすべきものに哉。また班女になりて人をかこち、熊阪になりて物うばふ情をなすなど、いふも汗出る事なり。武士のなすべき事にはあらずかし。

十あまり三つまでは、としに一度二たび、おくより登　城して　君上に拜謁す。それ過てはそのことなし。

そのころ田邸にゐしにも傅屬の人多からず侍れば、物ごとにつきて事を缺きてのみくらしぬ。たばこをこのみても、十まり四五つにならねばゆるさず。そのほか兄弟多かりければ、三たびの食羞もわが心よりこのむ事はきびしき禁止にてぞ有ける。まゐて着るてふ衣・はかまの類、何をこのみ侍るなども禁止也。はなかみを入る袋いとこのましけれど、年いまだ至らずとてゆるしなければ、乳母にいひてひそかにさあや《紗綾》やうの物にて紙入る袋を製し、それを懷にして望みたりぬとおぼえたり。十あまり四つにか有りけむ、おもてへ出て寝食梳沐みな*水野為長・遠阪・山口など傅屬のもの合心してしたり。その傅屬の臣の出來ぬがうちは、表へ出ても人々の詰所なんどへきて、默々として人の物語うちききゐたり。そのころも、いま公子の身にしなくば、いかでかゝるものがたりの席をもみんとおもひて、さまぐ\の事うちききたり。いま政事をとる心のそなへになり侍ること、半ばにも過ぬべし。その比より書など好みてよみぬ。*後漢書をよみけるに、陳蕃やらんが慨然として「有下清二天下一之心上」とかいふあたり耳にとまりて、誠にとしたくましからねども、膝をうちて歎息しけるは、同志の事を歎じけるも身のほどをしらざる愚さともいふべき。この比もはら歌をよみて、為長にひそかに添削させたり。

明和八のとし、予は十まり四つになれり。悠然院殿逝去ましします。御子治察卿跡をつぎ給ふ。それよりして治察卿いと予を愛し給ひつゝ、何くれとまめやかにさ《沙》た《汰》し給ふ。予この比短氣にして、はつかの事もいかりふづくみ、あるは人を叱怒し、又は肩はりすぢ出して理をいひなんどしたり。みなぐ\なげかしとのみいひたり。大塚孝綽《すゐ》殊によくいさめたり。水野為長常に諫めて日々のよしあしをいひたり。きけばいと感じけれど、ふづくみの情に堪がたきに至る。床に*索道のかきし大《太》公望の釣する畫をかけて、怒りの情おこればひとりそれにうちむかひてその情をしづめけれどもたえかねたり。ひと日全くいかりの情なくくらしたくとおもひしかど、つゐにその比はなかりし也。このくせも十八のとしより、あらひそゝぎしやうにはなりたるぞけうなれ。全く左右の直言ありし故なるべし。

　わがとし十あまり一つの比より治國の道をしりたくおもひ、かくしておさめんなどさま〴〵の工夫を、あるはかいつけ、又は圖にしたり。いまおもひ出してみれば、いとあさましきことのみにして、用にもたちがたく侍るぞかし。さればいにしへ奇童のとしたけし人にもまさるといへるは、いとありがたき事なるべし。

　初にかいしるす如く、いとけなきときより、食も衣もゆあみするなんども、心のままにはならざりしぞかし。それになれになれたれば、いま儉約の道おこなふも、ゆめ心にたえしのぶといふこともなく侍るぞかし。いま衣食住のおごりなき様になすをみて、人はさぞくるしからむときこゆれど、おさなき時になぞらふれば、まことに井の魚の海川に出でし心ちぞすれ。さればおさなきときは、いかにも事少なにして法度嚴にそだつべし。すべて法よくその人をたゞすときは、わが如き鄙吝愚盲の性も罪戻にとをざかること多きものぞかし。十まり三つ四つの比より、少艾を慕ふの情もありけれど、法度嚴なりしかば、十まり九つのとし婚をなせるまで、其情をばしらざりしぞかし。(實は十七。安永三)十六のとしにか有けむ。(白河藩主松平越中守)定邦公の養なひとはなりたり。もとこの事は田邸にても望み給はずありけれども、そのときの執政ら、おしすゝめてかくはなりぬ。そのころ治察卿にもいまだ世子ももち給はず侍れば、いとど御よつぎなきうちは如何あらんなど聞えけれども、(三月十一日)さりがたきわけありしこと、この事は書きしるしがたし。養子の事　朝より命をうけたる日、治察卿予をめしてまめやかに教訓し給ひけり。その時の仰せにも「(明和五年)さいつ頃(伊豫松山藩主松平)隠岐守定靜《きよ》がもとへ(定信の兄豐丸)定國を養子につかはし給ふとき、いまだ　悠然院殿在世にまし〳〵たれば、定國へはあつく仰せごとありたり。そのとき『治察もきき候へ』とて、めして御そばにありたり。またけふこの事申傳へよとの御深意もありけらしと思へば、いとど追慕の情にたえ侍らず。忠孝仁恕のみちの仰ありてのち、定國へ仰られけるは、『汝のかしこの子となりしは、お鐵定國朝臣の室柔輭院といふ。あるが故也。さればこの後お鐵へ對しておろそかになすまじ。

お鐵がはらに男子生れば幸の至りなり。妾腹の男子出來て、それにその家を傳ふれば、定勝の血脈はたゆるといふべし。いか計りかきのどくに思ひ侍るなり。人は孫を見たきといふは凡の情なれども、われは不肖の孫見むよりは、末家または血脈相當の家より養子して、汝があとはたえ侍る様になしたき』なんどくま〲の仰なりき。いま治察べちに思ひつゞくることもなし。先公の定國へ仰られしを今はなしてきかせ候こそ、かたはらにありてきゝけるかひもありとはいふめれ」と涕涙しておしへ給ふのありがたさいはんかたなし。すなはち退ぞきて書しるしをきぬ。治察卿は兄ながらも親父の恩あり。くりかへし〲いひても盡べからず侍りぬ。ことに先公の仰をのみかたり給ひて、いさゝか御私旨をのべ給はざる紹述篤實の御事、おそれ多き御事なれ。その後より〲教訓など蒙りしなり。予はことに友愛し給ひぬ。予その比狩野の畫をならふ。殊にとげずありぬ。廿あまり二つ三の比また山本又三郎を師として唐畫をならふ。中年の比より廢しぬ。すでに柳鷺の畫と關羽の畫は家治公に献じぬ。種姫君より内内献じたまひぬ。桃鶴の畫は今上帝(光格天皇)へ奉りぬ。*近衛内前公内々の詔ありたり。めうがの程恐れ多し。

（實は十七。安永三）十あまり六つの時にか有けん、治察卿いたづきにかゝり給ふ。七月のころより也。さま〳〵の祈禱療養ありけれど、露のしるしもなし。ことに予はこゝへ養ひのさだまりし後なれば、嗣のところ心元なく、人人たゞ〳〵匆々としてさだまらず。治察卿も病間殊にうれい給ひ、竹本氏（要人・側用人）田邸の重臣。をまねき給ひて、あとの事仰られし也。そのころ大屋遠州（遠江守昌富）田邸の家老。稲葉（越中守正明）御側衆也。にかけあひしとき、稲葉のいひしは、「事いと重し。賢丸殿ふたたび立かへり給ふべし」とはいひぬ。これにて人人心安くおもひぬ。すでに竹本氏も卿へかくと言上しければ、ことによろこび給ひしと也。病やゝすゝみて、八月の廿八日にかくれ給ふ。世嗣さだまらざれば、喪を祕して發せず。大屋等諸重臣みな予に見へて「御あとの事うれひ給ふらんが、稲葉のいひたる事あればしゐてうれひ給ふな」など聞えたり。さて寶蓮院殿の御なげき一かたならず。まことに倒れ伏し給ひ氣絶するものあまたたび。湯薬をすゝむれどかへりみ給はず。「此家この度斷絶しなば宗武公へ何といひ侍らん。賢丸を久松家（松平家）へ養ひにやりしは、もと心に應ぜざる事なれども、執政邪路のはからひよりせんかたなくかく爲りしなれども、ゆるしたるはわれと治察と重臣なり。斷絶するときは、いかに初のことといひわけたらんとて何のかひもありなん。そのほか先公の祭をたつのみにか下々も飢渇離散せば、いか計りのくるしみならん。されば命にかはらむことをいのりしかど、神佛の心なくしる事なきや、露もそのしるしなきうへはいま又湯藥をなめて命をむさぼるべき樣なし」など理の當然たる御事ども、せんかたもなくみな〳〵なげきたり。もとこゝ（松平家）よりしきりに賢丸を養ひにせまほしといひおこし給ひけれど、世嗣の處心元がたければゆるし給はず。御城の老女執權などよりもしきりに勸めけれども、かたくゆるしたまはざる事數度に及びぬ。さるに執權より台命のやうにあざぶきていひければ、そのうへはせんかたなくゆるし給ふ。されば東手すべきやうもなし。よつて予みづから藥を奉りければ、初てのみ給ひたり。其より三とせほどは、たゞ病寢にのみゐ給ふやうにて、うきうきとし給ふこともなく、中興の御志のみにてさま〴〵と心をくだき給ふなり。治察卿うせ給ひても、御嗣の事は出來給はねども、上下安穩たるべしときこえしかば、喪を九月八日に發す。卽日老中右京大夫（松平輝高）を上使として、「思召有」之に付、田安領田安附の者今迄のごとし」との命をつたふ。何れもまづ安堵はしたりけれども、御主といへるものもなく、これより當直とのゐには何を勤とやせんなど、そのときのあはれさいふべくもなし。葬りし後は、常の御座に神牌をおきて、如在の勤をなすもなげかしけれ。寶蓮院殿も唯予をのみ愛し給ひつゝ、政事黜陟みな予をめしてとひ給ひき。そのとしも暮れ、あくれば(安永四)予も十まり七つになりぬ。この比は學問をのみこのみてつとめたり。そのとしの春定邦公白川の三郭に花見給ひけるとき、俄に中風の狀をなし言語もなく、右の方不仁し給ひ、氣も絶給ふ。よてさま〲と療養しければ、二日三日も過て少し氣ももどり給ふといへる事田邸へしらせこしたり。いづれもむねつぶる。このときも實は予を破緣して、田邸の嗣たらむことを、上も下もみなねがひて、御願書奉り給ふのときなれば、猶せんすべなき事よと歎く也けり。その後定邦公も少しこゝろよくまし〲て、そのとしの秋の比參府し給ふ。よつて予も行きて拜しぬ。それよりはやく八丁堀(松平家上邸)へ引うつり候へかしとの事に決しぬ。そのとしの冬にか有けん、将軍家(十一月朔)より老女をもて命をくだし給ふには、種姫御養女になし給はんとの御事也。種姫君は予の妹也。そのとき御とし十まり少しこえ(十一歳)給ふ比に哉ありけん。其よりよそい事ありて　大城へのぼり(十一月七日)給ふ。このとき予も御心得の御爲とて、よしあしの道かきて「なにはのことのは」とか名づけて奉りし。種姫君　大城へのぼり給ふの比、寶蓮院殿へ「雲の上に羽をのすも猶老鶴のかげとぞおもふひなの心は」ときこえさせ給ふぞ、秀才のほどたれ〲も感じたり。その後は田邸いとどさびしくわたらせ給ふ。ことに予も養家へこしなば、そのさびしさいはんかたなかるべしとおもひやるにぞ、月日のたつも心ぐるし。このときの心づかひいまおもひ出してもむねつぶる。この比わかをこのみて、六七千首もよみたるべし。わかの書を書寫して、よき歌よみてんと心がけしかど、今に下調のうたのみ出來るぞなげかし。不才はいかにしてもせんかたぞなき。

明るとし、安永四のとし也。ことしは養家へうつるとて、よそひなどするもおもしろからず。姫君の御方は★こぞうつり給(ひ)、★ことしはまた定信のうつることとりかさね、さびしさいはんかたなかるべしと、うれたきおもひにのみゐ給ひける。かくてもあるべきならず、つゐにこしぬるとて、寶蓮院殿にいとまこふも、よそならばさぞめでたくとて、人人うきうきしういひ侍らんが、もと予のこゝへ行は道ならぬ事の、のこり多しさといふにたれ〳〵もおもへば、たれめでたしといふものもなく、みな涙おとしてみおくりぬるのみなり。予もさこそあらんとおもひて、和漢禍福たまきのめぐ

★ 徳川實紀は種姫の引移りも安永四となす。

るがごとくありしこと書あつめ、いまかくよつぎ絶てうれたけれど、またとし月ながれ行ば、うれしき瀬にもかへるべしといふこと、長々しう書て一巻となし、寶蓮院殿にいとまこふとき、何もいはでその一巻さし出して立わかれぬ。さて（十一月二十三日）その日ここへこしぬ。★こゝにてはめでたしとてうき／＼しう賀したる。予が心一片のまことより外はなきといへばおこがましけれど、田邸にありしときはきのふまでこゝをはなれずして御嗣のはかりごとなし侍らんとおもひしが、深きゐにしこそありけめ、けふ此處へつゐにこしたれば、けふよりはまたこのかたに一生を終ることとなれば、この（閏十二月十五日）かたのよろしき事せまほしとおもひ定め侍りぬ。そのとし　将軍家へ拜謁しとしのくれに爵をたまはりて上總介となのる。人々ここにても御嗣ならばはじめより中将たらまし物を、諸大夫にぬのひたゝれこそあさましなんどいひしものもありけれど、予が心天地鬼神にちかひてもさなんおもふことは露ばかりもなし。たゞこれぞわがうけゐし天なれ。吾器量の小、才の短に相應する位祿（安永五）ならば、十萬石も多かるべし、従五位下も高かるべしとのみおもひたり。明るとし年始の慶賀等に登　城しぬ。その比より席の風ていかん（帝鑑）の間。にて、始めて出るものは、ふるく出るものへ物おくりなんどしてたのみける。わが定邦公の比はさせることもなかりしをもて、予もそれにしたがへとて、そのたのみもなかりしなり。さらば營中の勤わかりがたく哉など聞えしかど、みな人のなすをみて心中にまねび、人のたすけなくして禮式にかけなふ幸にしておぼえたり。さればその比より獨立してげれば、はじめはうや〳〵しからず懶惰に哉などいひしものもありけめ。その後心のうちおごりなす事なかりければ、みな信じて心友いまのごとく多くなり侍りぬ。このとし安永五年也。将軍家日光江御社参あるべしとて、予も御暇給はりて三月の比に哉白川へおもむきぬ。もと定邦公の白川へ行き給ふべかりしが、中風のいたつきによて行給ふ事もなりかたければ、予父朝臣のかはりに警固のためにおもむきぬ。白川へおもむく道より風の心ちせしが、いとくるしくおぼえて小山の驛にひと日とまり、そののちは駕ごに枕して白川へつきぬ。日にしたがひてこゝろよく侍りけれど、平日の如くならざりければ、しばらく病床にのみ居しなり。このとし十あまり九也。されども病間には劍鑓弓馬などを見て慰みぬ。よりより政事に預る職なんどよびて物ごとたづねなどしたり。川村安右衞

★（原頭註）この比家治公より大小（雲州忠貞刀、近景脇差）を賜はる。

門その時横目役をつとむ。をある日よびて、人々の善悪などたづねしとき、正道のいひしには「目代つとめ候職いと事重き事にて候。此こと政事・人の曲直なんど、定邦公より外へもらし候はじとの御事を蒙り候へば、世子君とて定邦公にかはらせられ候事もなければ、存上候處は同じく重じ奉り候へども、右ら御當職の御方之如く申上候様にとの定邦公よりの仰なければ、申上候も憚ある事に存候。されどあいかまへて定邦公よりうとく存上げ候など申事には、つゆちり候はぬ」とて言《コト》わけしたる事に感じ、予もこたへて、「さらば何きき侍るにも及ばじ。されどこたびの御かために來りし事なれば、それに心得べきことは申し候へ。其餘の事は聞侍るまじ。」と云ひてやみぬ。それよりへつらはぬ良臣なる事よと思ひしなり。五月の始め警固終りしかば江都へおもむきぬ。この道のさま書つらねしは*霞の友とて一巻にせり。なをそれにくはしければこゝには略し侍りぬ。

六月の比にか婚(定邦女峯子)をとゝのひぬ。治床のかほよからねばむつまじからじとて父朝臣もわび給ふ。室は顔色をもてなす物にしあらねば中もうとからず侍りぬ。この比は學問力行をあつくつとめて、閨起出でてより手あらい口すゝぎ髪けづり、何の書をよみ、それより劍を學び、それより弓、それより馬、それより書なんどいへる如く、日日かわらずつとめたり。此比書物よむ事日夜のおこたりなく、人の見及たる書はつねのたちまはる書の事也。半ばほどもよみけん。一年のうちに四百巻ほどもよみたり。溫公通鑑なんども二たびくりかへしてみ侍りたり。*古史逸・*求言錄なんど、この比つくりしかと覺えぬ。文は十あまり四ツ五の比よりつくりしが、本不才なりければ心のみにしてさせる事も書出しがたし。この比の文は初めよりしはよみやすきといふべき物から、體裁もわかちなし。

*難《波》は江とか云ひし名はわすれたり。女の心得かい付て一巻となして贈る。この時の奥方靜德院(峯子)といふ。このころはすべて理にのみはせて、いはば腐儒の常談人情にとをき事のみなりき。いつのとしかわすれたり、この比の事なりし、*松肥州侯(鍋島肥前守治茂)は予が甥なり、一日かしこに來りけるに肥州詩をこのみてしばしば自作の詩かいて見せなんどしける。予そのときおもふには肥州學問は文華をもはらとして質實の方うとしとおもひて、「詩はもはらとなりては如何なり。古の文人行實正しかりしは少なければ、たゞ魏徵・韓退之など花實備はりしをこそならひ侍るべし」とよそことに言ひける。肥州

短慮なりければことにいかりて、「口戎を出し好を出す。つゝしむべきは口才なり。詩文とてもあへて廢すべきものかは。多くおの〳〵つくりて出來ねばそれに事よせて文をそしるぞかし」と少し言あらくいひける。予打わらひて「戎をおこし好を出すはさることながら、親類のちかしき中には、心にたくはへなくいひ侍るこそたのもしけれ。ことをゑらびて交るこそ予がこのまざるところなり。予がいまいふは文華質實そろひしをたうとむとはいひぬ。質實のみにて文華をはいし候事には候はず」といひぬ。かたみに其あと二三言いひのちにはよそごとにいひなしてわかれぬ。その後肥州ふづくみはれず。(榮元・寄合醫師)兼康氏官醫なり。をして「さきにいひ給ひたる事心得ね」といはん計にさま〳〵のことといひこしぬ。予のこたへしには「ちかしきちなみの中にも、叔父甥は猶さら也。心にかくしなふいひあふことほいならめ。さるにこと人を中間《カン》にくはへて今何かやときこえ給ふは、もとわがほいにはあらず侍りぬ。こののち心にさはり給ふことあらば、面折しての給ふべし。萬づの事かくいはば心にさはり給はん哉、いかゞ哉と、一ツ一ツに心くだきして交らば、こと人こと心のまじはりともいふべき。この交を好み給ふもわがしらざる所にて侍る」なんどいひければ兼康もことはりにふくしてかへりぬ。この後もさま〴〵のことありけれども、つねには和熟し侍りぬ。いま思へば淺ましきことといひける物をと、ほぞくひし侍るぞかし。その比はたゞ理にのみはしりつゝ、直辭をこのみへつらひ侍る事なく圭角ありたり。わがあやまち書つけて後々のつゝしみにせまほしとおもふのみになん。

明のとしまた明のとしなどさせ(る)ふしもなし。いつの比か、本多(泉侯)彈正少弼忠籌《ただかず》朝臣、勇偉高邁にして眞に英雄たることをしりて、登營のころ「君がたちへ行なん」といふ。忠籌朝臣うちきゝて、「何の事かはしらねども、き給はばあひ侍らむ」と約してその期日に至り行て、おもと人打拂ひ、「さて、世には信友といへるも少なくこそ。君の風彩感じ思ふ事あれば、今より交り侍るべし、」とかたく約しぬ。忠籌朝臣も案に相違して喜び給へり。そのときも「信友といふからは、たとへ互に心にいむとも、よしあし面折していふべき」と約しぬ。予が天明三の冬より政をとりて、大なる罪戾もなく過したるは、忠籌朝臣の庇蔭なり。これより予も人にあひては忠籌朝臣を稱したりければ、いよいよ名聲高(く)聞え侍りける。予多く交れども忠籌朝臣のごとき人はなしといふべきほど也。このまへはよそへ行て出會又は話談等もせざりし。いまの如く博く信友を得しは此交を初めとす。

この比も書をよみ侍ることをのみつとめたり。氣欝やしけむ肩背疼痛してしのびがたきほどになん。いつの年か（天明元）その書の序にかきける年號をみたらばその年もしれ候はん。いよいよ肩痛甚しく書も廢したり。何のすべき事もなければ、側の人に口占して書しめ、*國本論を著す。國本論二冊附錄三冊なり。この書も十あまり一日めに淸書の功までとげしなり。その學などにつとめてはげみしもこれにてしるべし。

この比の事なり。島村（惣左衛門用人）・大塚（大助孝綽）などの重臣としめしあはせて、田邸の嗣をたて中興の功をなさんと庶幾しける。これにてよくおもふべし。はじめは嗣なきを女郎局なんど、みな〳〵女のことなれば、いとかなしくいひけるが、後には愁になれかなしみを常として、初の思ひもうすくなりたり。そのうへ寶蓮院殿いつも榮ましまして、萬々年ののちといふ事は露計なき事よと心得て、今日安ければ今日をくらすといふやうに、かつて遠り《慮》よもなかりしなり。寶蓮院殿御賢明の御事なれば、此御はかりごとありけめども、うち合せ給ふ人もあらざれば、むなしくむねにつゝみ給ひて、かく年月おくり給ひしなるべし。つゐに島村・大塚とうち合せて、中興の功なし給へかしと書たる一巻たづさへて予みづから寶蓮院殿へ申上侍るには、「子としてかくいふはその切なる事しろしめし候はん。松のちとせも龜の萬代もかぎりこそあれ。御壽は千代萬代といはふ物から、人は壽ながきもいつまでとはいふべからず。すでに悠然院殿の御嗣たえはてゝも、年月重なれど露ちり思召のかくときこえ給ふ事もなし。萬々年の後は誰つかさどりてあととむらひ侍るものも有なん。數百千人の御家臣もみな御いとまも出なばいかやうにもなり侍るべし。その時の事存候ては誠にたましひおち氣絶するやうに存候」など言を盡し泪をながして申ければ、寶蓮院殿もことになき給ひて、「汝にあらざればいかでこの事をいひ侍るものあらじ。われもその事心くるしう思へども、左右前後ともにはかるものもなく、たゞ一日の苟安を是とするの輩也。表向の大臣にはあふ事もならねばせんすべなし。又いかにして嗣あらんやうにはしなん」との給ひしにぞ、いとゞうれしくて、「さこそと存じ候へども、下として萬々年の後かくなどいふ事はいふべき事にもあらずと存じ候へども、それよりも又御嗣たへ侍る事は重ければ申上候也。一つ橋には御子様がた多くましませば、そのうちを上の御養ひとしてこのたち《館》へ下し給はゞ、御幼きより御前の御膝下に御養育候はゞ、御恩愛所生にかわらせられ候事も候はじ。田邸・橋邸御連枝の御ちなみなれば、いづれかくともいふまじ」と申上ければ、御同意にて、猶老女へもとくととき《説》候へとの御事也。佐保山といへる老女へうまくときければ、「よくぞ心付し、尤之事ども也」といひければ、予が思ふには、女は心のうごき安きも(の)なれば、今かくいひても又かわりなん。いで心固め侍らんとものして「さらばあす上の《野》凌雲院へまうでゝ此事悠然院殿へも申候はん」とてわかれぬ。あすにはかにうへのへまうでてげり。その後またしま《島》村・大塚へもかくと告ければ、いとよろこぼひたり。又ほどへて田邸へ至りて佐保山なんどにあひて、さきの事は如何哉とたづねしに、思ひにたがはでいひけるは、「いま　将軍家御年さかんなれば、若君の御方御出生候はん。よし御出生候はずとも西城(徳川家基)孝恭院殿御事。御としたけなば、御二男御三男の御方あまた出來給はん。御養ひなどいふはいと殘念なる事なり。誠の御子其後に出來なばほぞ《膞》くひ《噬》侍るとも及び侍らじ」と云ふ。予いとおどろいて「いかゞしてさはいふにや。人は一生子のなきものあるぞかし。たまたま設けても女子のみうるもあるぞかし。それにいま将軍家おくへ至り給ふこともなきほどなるとの事、みそかにうかゞひ侍れば、いつを待とも覺つかなし。西城の春秋にとませらるゝも、いまだ御婚姻さへなければ御出生をまつてふもいかゞ也。よし、二三年過て御男子御出生候とも、世子君は外へつかはされ候事はよも候はじ。それに寶蓮院殿御年も六十にもなり給ふ。一旦萬一の事あらば何をいひてもつぐのひ侍るまじ」とうちなげきけれども、とやかくといひてうけがはず侍りぬ。それをいかゞとたづぬるに、女のあさましき情には、田邸橋邸御連枝の御家なるに、田邸はこのごとくおとろへ給ふ。橋邸は年々御子がたおほく出來給ひて盛なるをねたみの心ありて、橋邸の御子をまた御養ひなどありてはいよいよ橋邸の盛をますといふものぞかし、殊に老女をさしおきて予の寶蓮院殿へいちはやく申たる事いかゞなり。事《成》ならば功はみな予の手にやあらんなど思ひしに哉。これ〳〵いひてもきくべうもなければ、まづ時をまちつけよ、そのうちにはその老女と隙を生(ぜ)ざるやうにせまほしと思ひて、佐保山そで《袖》さき《崎》なんどへはとき〳〵おくり物して情をかけ、いかにもして中興してんとねがひけり。この事は安永七つのとしにや有けん。

明のとし安永八年。なども、此ことといひ出しかどかれこれと事纏れしたるうち、(安永八・二・二四)西城薨去し給ひければ、此はかりこと絕はてたり。いかにとなれば、養君し給へば是れ大城の世子君なり。世子君あらせ給ひてのちのやしなひにてあらざれば、田邸の嗣とはなり給はぬと理なり。★

此とし春光院殿（定邦三女、享年十四）かくれ給ふ。此病のときも醫士よびてかれこれいひけれども藥と〻のひかねて死し給ふ。

この比*正名考などつくりしにやとおぼゆ。

この比予此家の政事月日を逐にしたがひおとろへ行(き)、人々苟且に安んじ、凶年のたくはへもなく、格例立法のそなへもなく、たゞ其時々事にのみおはれて過るさまなげかしく、そのうへ予おさなき時より虛弱なりければ、中中家督とるまではいき侍らじ、おさなき時より天の下へ名をあげてよとおもひしも露ちりときえなん事もなげかしく侍れば、遺書と號して*修身錄に身のおこなひ、父子夫婦の五倫の道、又は學問の事などしるし、下情その外政事の本たることくはしくあらはし、*政事錄といへるには、第一凶年のたくはへかくのごとくしてとかき、經濟のみち殘りなくかきしるし、この二册にてわが心の及ぶ所博く如生の功をなしてんとかきあつめをきたり。天明三年に予家とくをとりけるに、第一凶年のそなへなければ、大に家も亂れなんとしける。さてそれよりいまに至りてなす處の政事、多くかきたる事のみなり。されば世に腐儒の常談、事を經ずして考し事は益なきよし言(ふ)なれど、これをみればまたすてがたくとも覺ゆるなり。

すべておさなき十歳のころより。比より予は中々長生はなさじとおもひしにぞ、何事にもあとに遠く殘れよかしと書たるものも多かりけり。いまかく生て政事をもなし、輔佐の地にもなりたれば、のこれよかしと書たるは、いとど淺ましく、人にも見せ侍る心露ほどもなし。むかしは政事はとらじ、せめて文史の名にてものこしなんと思ひにし名利のやるせなき心、おしはかりてもおかし。

明のとし安永九年。初めて妾をおく。婚姻より年かさなれど子生ずる事もなし。よて妾をおきしが、心ばへいかゞありし哉、もといかなる所にありし哉、前行のほど心元なければ、おきても二《フタ》月ほどのうちはそばたちまはりのみつとめて閨中にいれし事はなかりし。いよいよ心ばへくるしからず、前行させる事もなきにありしかば妾となせり。莊襄王の如き呂不韋のはかりごとにて異人をたぶらかしけん事もありしかば、此のちとてもよく心得べきなり。

★（原頭註）御刀掛御遺物賜はる。御つゞきがらなれば、芝增上寺へ詣づる諸大夫の席よりは、五六疊すゝみたり。稀有きほの御事とぞ。

明けのとし天明元年也。十一月十六日靜とく《德》院（定信室峯子）かくれぬ。九月の半ばころ痰血を吐てよりいたつきにかゝる。初めは池原長仙院の藥にしてしるしなかりければ、長庵法眼にしたり。一たび快かりければ、そののちかたはらにつきしたがふ乳母の、このいしはよけれ、みくじにも中《アタ》れりたりなど、病床のかたはらにて愚痴のごとはきしかば、つゐにことといしに成たり。そのいし古法なりければ虛實にも拘はらず、補益の藥もなかりけり。つゐに十一月初よりことに病すゝみたり。十五日にか有けん、いとおもり行てありしに、予もたちさりては、いしの事などいひ、又きたりては樣子うかゞひなんどしけり。そのときかたはらにあらざりしかば、俄に予にあひたきといはれぬ。いきてみれば、病ことにすゝみて息も促迫す。予來りければ、目うち開きて「病ことにすゝみたり。君には氣分は體よりもまさりてみゆれば、こののち養生はさら也、何事をなし給ふにも體のほどを察してよろしきにし給へかし。父うへ母うへも年を追ておとろへ給へば今のごとく猶孝養を盡して給はり候へ。谷町のおばうへ（眞田伊豆守幸豐室定子）も御身につきしちかしきも少なく候へば、猶よろしく」といひのべられし。予も哀心をおさへて「いまの事よくりやう《領》掌しぬ。少しもあんじ給ふな。病もおもけれども薬また的中し侍らば平癒もほどなかるまじ」と云ひければかたはらの者みななきになきたり。

法號よく其徳に應じたるやうにせまほしくて様々字などかいて靈巖寺(智堂和尚)の僧へみせてのち、靜とく《徳》院とは定めしなり。この人才氣すぐれたるうへよく夫に貞順し、和歌などをもこのみたり。この比よみをきし歌かいとゞめて神藏(懷舊集)へおさめぬ。父母の御なげきさぞとおしはかられて、わがなげきも打捨て父君などをいさめまいらする心のうちくるしかりけり。

明けのとし(天明二年)、この比より信友多く交りてかたみに道を講じたり。忠籌朝臣(本多彈正少弼・泉侯)・本多肥(山崎侯)後守忠可朝臣・戸田采女正(大垣侯)氏敎朝臣・奥平大膳大夫(中津侯)昌《とき》男朝臣・堀田豊前守(宮川侯)正穀《よし》朝臣・松平山城守(上ノ山侯)信亭《つら》朝臣らなり。あるは歌などよみあひ、又はたがひに善をすゝめたり。山城守信亭朝臣、もとは放蕩にして、すでに大阪在番中も行ひよろしからず。勤はててかへりても、家臣伏せず。采女正・忠籌朝臣ら打よりておしなだめ改過ありしかば、この後は過をたゞし直言いふ友をゐて心の修行せまほしと信亭朝臣いひたり。忠籌朝(臣)予をすゝめぬ。信亭もよて予にまじはりたきとの事也。忠籌朝臣意をつたへぬ。予のいひしには「わが不才いかで人のゑきとはなりなん。されどこのかたより交を禁ずる事もなければ、信亭朝臣ののぞみにまかせ侍るべし。さればどこの後、また風流家の徒とならば、我よくいさむべし。いさめてきゝ侍らずば忽ちに絶交すべし。かねてこの事もいひ侍るなり」とはいひぬ。信亭朝臣もいとよろこぼひて、その後はたがひに蕙蘭のちぎりをなして善をすゝめ悪をこらしていひあふ。すでにいひよからざることまでもいひければ、信亭朝臣も家事の黜陟賞罰經濟出入の事までも、みな予にきき侍るほどの交なりき。この比は文おくるにも戒訓のことなど書ておくれば、その事よろこびてくりかへしあつく謝し給ふ。忠籌朝臣も信亭はまことの人に成けりとはいひ給ひぬ。信亭朝臣政事心のまゝにせまほしとて十七日に神祖へ立願す。事いとすさうなりけり。その後よそにて聞ば「信亭は鳥をこのむ。奇鳥珍禽をもとむ」といふ。予はじめは信ぜざりけれども、もしうつり心の人なれば、さなん事もあるまじきにあらずとおもひて、ある日信亭にあひて「よそにてはかくいふかに侍れども、さはあらじとおもひぬ。いま衣食の事まで質素を本とし給ふに、珍禽などはいかゞなり、いかに。」といへば信亭もしらぬさまにて、

「世にてはさま〴〵の事いふものぞかし。國その國たらざれば衣食の事までもつゞまやかにし侍る事君もしり給ふごとし。いかで鳥などかい侍らん」とはいひぬ。予もされば三虎とやらんのたとへのごとしと思ひたり。そののち又よそにて「信亭鳥をかふ。いま江都中の名鳥あまたもちたるは信亭に過るはあらじ」といひぬ。予がいひしには「この比は信亭にきゝしがさせる事はなし」といひぬ「いかでさはありてん。さいひ給ふは信亭の君にいつはりたるならん。鳥ある事はたれ〳〵も知れる事なり」といひぬ。予また信亭にあひて「かくはいふなる人のことば信じ侍るにたらねども、人々かく口實になせば君の質素もいつはりにてこそなど人もおもふらめ。その實なき事なればうれふるに足らねども、また嫌疑さくるてふ事も君子のうへにあなればよくわきまへ給へ」といひしかば、「よくぞいひ給ふ。なき事なればせんかたなし」なんど聞えぬ。その後信亭はしる國へ行。その後にてきけば鳥あきなふものの何とかいひけんもの、信亭の鳥になふて國へ行たりといふものあり。うたがひ半なれど、もしさせる事ありしやと思ひて、その鳥あきなふ者へたづねさせしに、まぎれもなき事なりといふ。いかゞの鳥ありやときゝしに、何の鳥はたれよりかいもとめ給ふ、何の鳥は何ほどのあたへ《價》なりしなど明らかにいひたり。予これをきゝて忠籌朝臣へかくといひ述べて、「はじめ交りし時も此後もとのあしきへうつらば絶交すべしとはいひめ。鳥かふ事あしき事にはあらざれども、時もあるべし。いま信亭の家臣の祿秩もみな減じたるうへに、あたふ《ママ》ものさへ時おくれずといへば、むまやに肥馬ありのたとへにも似るべし。その事いさむればいつはりいひてうけがはず。かくては耻しめらるゝのみなり。故に君がたま〳〵いひ給ふ事なれど絶交し侍るべし」といひやりければ、「尤にてこそ」といひ給ふ。故に書をおくりて交りをたちけり。そのときも「いまよりは一筆一言も交へ侍らじ。されどよそへいひては交絶て悪聲を出すにちかければ」と思ひて、たゞわれと信亭のうへにてねもごろなりし交りをたちしのみなり。そのとき文おくりしにも「交り絶ち侍るうへは、何の事もいひ侍らじ。されど明諸侯になりて國家の翰屛(藩カ)となり給はばよそながらうれしからん。此一言は絶交の期にのぞみていひ侍りぬ。これいま迄のねもごろなりし恩を謝するの一語とみ給へ。」といひやりたり。

明の年天明二。春より口中はれみちて飲食も通ぜず。庸醫に托しければもとより療功もなかりけり。つゐにあぎとのあたりへふき切て、膿水ことに多く出たり。このうれいによりて書をも廢し、たゞ心をなぐさめよといふにまかせて怠りがちにのみすさみたり。このいたづき正月十一日よりおこりて八月比までなやみたり。このとし八月の比にか有けん、*鈴木清兵衛邦教《たか》にたよりて起倒流の柔道をまなぶ。そのまへより水野中務少輔(忠德・出羽守忠友嫡)・奥平大膳大夫(昌男)・九鬼長門守(隆邑)らみな予をすゝめけれども、清兵衛の術は妙術にて、人君學べば忽に上達なすなんど、あられぬ妙をききしかばこゝろにうたがひて決せざりけり。ことしやう〳〵まなぶ。まなべる日よりその術の正しくして、聖賢の道にも正當すなる事をさとりて、それよりまなび侍りぬ。そのことなどかきてけれども他言すべからざれとのちかひなればこゝ★にはしるし侍らず。

明れば天明三年なり。このとしは春は雨まれにして、四月比より雨ふりつゞき、八九月の比まで陰雨連日にして、夏《間》伏陰ありてあさがほなんどもつるものび侍らずかじけたり。皆人うれふ。七月淺ま山やけ出て、江都もはいなど多くふりて日も陰

★ 修行錄參照

陰として時時震動やまず侍りぬ。淺ま《間》山のやけたるは耳に聞しよりも甚しき事とぞみな人いひあひぬ。二年ほどへて安中館林のへ《邊》へ行しものに聞しに、いまに萬山枯木のみにして、はいのふりける山は白妙に雪ふりつめるにことならず、鳥井《ママ》のかさき屋のむねなんど、はつかはい《灰》の中よりみゆるなんど侍りしとなり。土砂川をうづめてければこの比のとね《利根》川はもとの瀬にはあらずといへり。天明六年江戸の水いでしも、とねの川ふるきにかへらねばなるべしといへり。この時の人の死亡せし、何十萬といふ事なかりし也。古河の邊の房川也。川へ死人のながれ行さへかぞへがたく侍りしとはいひし也。定邦公八月の末九月かしらず。に江戸へ參きんし給ふ。いたつきありければかくはのびし也。白川凶年にして萬頃一毛のたつるなし。皆すだちといふていることなどもなきほどになりたり。にはかにききんよといひたれど、城下にたくはへし米もなし。その比までは家中酒興をこのみておごりしかば、ある米もみなききんの至るべしともしらざりければうりひさぎたり。城下さのごとくなれば城外の民家はさら也。みな人束手して死をまつなんどまことになげかしきさま也。人人此家けふはほろびなんとおもふ也。もとたくはへし米も金もなければせんすべなし。★ことし家とく《督》を予にゆづり給ふてふ事なれども、此凶年にゆづり給ふはいかゞなりとおぼしければ思惟再三決し給はず。此時吉村(家老)又右衛門にはかに江戸へのぼる。宣年といふ人也。のちに隠居して道確と云。いかゞの事に哉と人々おどろきたりしが、のぼりてききし、大殿(養父定邦)やまひつきてよりこのかた政事もみづからし給はず侍りぬ。この凶年人々忷々として安からざれば、このとき予に家とく《督》ゆづり給はゞ、人々安堵なしなん。あひかまへてこの期はづすまじきなんどきこえたり。こゝによつてつゐに決したり。大殿御隠居の御ねがひ十月十三日に出さる。十五日に御奉書きたり、十六日に登　營せしかば予に家督そういなく下し給ふ。にはかの事にて、人々多くしらべかねしほど也けり。

このとき饑きんと云ふ事しるものもなかりしかば、七月の末までも、この雨けふはれたらばみのるべしと空たのめして、月日をおくりけるうち、米價貴くなりければ、このときうりひさぎて利をゑんとあらそひてうりけるものなれば、にはかにことしは米不熟にて萬頃一粒もなしといひのゝしりければ、おどろきさはぎて人の色

★（原本頭註）

このとき人割た・まふ事定まりて仰出されぬ。

あるものもなかりし也。予家とくとりてその日、家老よびて「凶年はめづらしからぬ事にていままでなかりしぞ幸ともいふべし。おどろくべきにはあらず。凶には凶の備をなすぞよけれ。いでこの時に乘じて儉約質素の道を教へて磐石のかためなすべし」といひつけぬ。翌日にか有けん。俄に江都の家臣のこりなく書院へよびて「儉約質素はわれを手本にせよ。吾このことにたがひたらば人々みなそぶくべし」といひたり。この事所々にとゞめたればこゝに略したり。みな屈伏したりとぞ。それより予が膳羞も減じて一汁一菜朝夕、一汁二菜晝とさだめ、みづから綿服を着て、さま〳〵とをしへしかば、今のありさまとはなりぬ。家中へあたふ《ママ》米よからぬときゝしかば、何となく米とうすりよせて、庭にてつかせてはからせたり。減じ多かりければ減ぜぬをとていひつけし。＊兩役大目附・横目をよびて目代のつとめやうなど自筆にしていひつけぬ。此事かの役にあればこゝに略す。勘定頭をよびて亦自筆をもて儉約の本をおしゆ。これもおなじ。國へも右の事又右衛門へいひつけてつかはしぬ。みなこれらかねて政事錄にかきける事をいたしたり。これ亦忠籌朝臣のかげともいふべし。このとし四品に敍せらる。(十二月十八日)本《モト》家にて四十あまりも過ねば四品はなし。家格にはなさじ、格別のよしにて仰を蒙りし也。この比もはら權家へたのみたりけれど人のやうに金など多くまひなひしにもあらず。同じとし眞田伊豆守（幸弘、天明三・一二・一八・従四位下）四品になりしがこの物入は予に五六倍しけるとぞいふ。

　このとしの損亡拾萬八千六百何石とかやいひし也。國へも自筆やりて民のうゑにのぞまぬやうにといひやりし。又ききんの翌年には疫疾流行なせばとて天樞氣海へ灸すへよと教しなり。この比よりけふまで、あさ起ればはや政事の事おもひつゞけ、くしけづりなんどしてはや家老にあひ、用人・大目付・郡代・横目なんどにもあひて彼是といひ合、食のまもわすれず。ただ國安かれの外はなし。夜寝るにも或時は夜半までもいねずに、さま〴〵かうがへて心を盡すなり。もと不才なればせんなき事ぞ出くる。このとしおもひつくれば了照院殿＊（松平内膳定富）百回忌は來年なり。いま迄了照院殿の事うとかりしは如何なりとて、俄に位牌とゝのひてあがめ侍りぬ。

　あけのとし四年也。予登　城しても、いさゝか席をはなれず。巍然として古風を存せしかばみな人おそれたり。

　春は饑饉はしのぎかたき物ぞとききしかばひば《乾葉》・あらめ・干魚の類いくらとなくかひとゝのひて、江都より白川へ下しぬ。旅中みなその事を感じて、いさゝかのとどこほりなくおくりぬ。或はその荷下へをくはいとおそれありなどいふて、手より手わたししたり。それよりわが家臣とさへきけば道にてもかくべちにしたりと云ふ。桑原伊豫守(盛員)御勘定奉行。などよりも夫食おくり給ふ。「御志のほど行とゞき候やうに、猶道中とゞこほり侍らざるやうに申付候はん」など聞えしもこのときの事也。このとき細川(重賢)故越中守・松平越後守(康致)などにいとねもごろに交りて經濟の事などかたりあふ。たび／＼予が亭へも來り給ふ。紀藩の庶公子(中納言重倫舎弟、後桑名侯松平下総守忠功の養子忠和)松平唯之進頼徳朝臣は英雄なり。予始めて松平越前守亭にてあふ。打ものがたりしにいと予が見識を賞し、それより知己となる。つねに予がうはさのみしたまふとおもと人のかたりしと也。

このとし(天明四)予國元へ御暇を給はる。六月廿日あまり七日にやらん國へたびだちぬ。行装凶年のうへなれば萬づはぶきて、毛やりたて、道具又は臺かさなんども皆はぶきぬ。馬のくらおほひなんども皮にしたり。今まで具足櫃一つもたせたりしが武備の心うすきやうなればことしより二つもたせぬ。けんやくとて又武備をかく事はせざる意なり。予の妾四月の比よりいたづきにかゝりける。さまざま療養なしけれども、そのしるしなかりけり。つゐに死しぬ。予いと愛したりければ、うれいかなしみたり。このものねたみの心も少なく、志もあるものなりし。月夜ともに庭などし《逍》やう遙しけるが、今におもひ出し侍れば、その時より月をみ侍る事うきやうに思ひしなり。厚實に過るとて人々笑はめ。されど薄に過るよりはまされるにやあらんかし。

妾ひとりなりければにはかにをきて國へつれ行んも心おもしろからず侍れば、國元へは老女をのみつれぬ。人々わかき事なればめしつかひなくばいかゞあらんなど聞えしかど、これもひとつのつゝしみなり。この時節に婦女あまためしつれんはいかゞなりとて、かくはし侍りし。すべて予人にことなる事なく、おろかさいはんかたなけれども、房事・飲食・衣服・器物・住居・庭牆なんどかくあらねば心わろし、かくあれかしなど思ふ事はつねに覺え侍らず。たとへばこのやまひにさはり侍れば好き侍るものなれど、これをば禁じよとだにいへば、くひたく思ふなどの事はなく、心にもとめず侍りぬ。房事なども子孫ふやさんとおもへばこそ行ふ。かならずその情慾にたへがたきなどの事はおぼえ侍らず。そのうへ平日これぞうれしきこれぞたのしきとおもふ事はなし。側の人々もさいふ。四品に敍せしときもうれしきさまは露なかりしとて人々わろふ。只わがうれしきとおもふは、たとへばこの法度・禁令・格式かくしらべてかやうに書てとわが心におもひて、さて人になさしむるとき、わが思ひしよりもよき事多く出來くると、誠に愛する子のよき事して親のよろこぶが如くうれしさいはんかたなし。これらの事、わが心にいつはりてよき名もとめんとてこゝへかくものならば、忽ち祖先の罰を蒙るべし。

こぞ舊記をみしに定綱公(藩祖越中守)の御像桑名の長壽院にありたりといふ。こゝによて聞まほしとて人々にたづぬるに、たれしるものもなし。いかゞはせんと思ふ比、予四品に昇進す。位記口宣の事に付、わが臣を都へのぼす。幸ぞとて桑名の事いひふくめ侍りぬ。かの臣桑名へ至りて尋ぬればまさしくあり。この事きてさらば明年白川へ行なば御宮をたてて白川へうつし奉らんとは庶幾し侍りぬ。このとしの春の比舊記をみしに、定綱公鳴神の御刀をひぞう《秘藏》し給ひて、何ぞ御心に應ぜざれば鳴神もきかぬとていかり給ひしとぞ。その刀定重公(第三世)のとき酒井雅樂頭へおくりぬと書しるしたり。鳴神の刀信玄の刀にて穴山梅雪へおくりしが荒川*の家につたはりたり、定綱公荒川へ養ひにならせ給ふとき此刀を荒川氏よりまいらせしと也。目貫には風神雷神ゑりたりといひつたふ。予好古のあまりこの刀を得てともにその御社へおさめたきと思ひて、人をして酒井（酒井雅樂頭忠以）へたづねしに、ありしといふ。又ねんごろにたづねて、あらば望みたきなんどはあからさまにはいはねど、その意ふくませてきかせければ、なきといふ。さらばいよ〳〵おしみ給ふにやとおもはる。されどなきといふうへはせんかたなし。さるに或日春の比也。酒井雅樂とその外兩三輩とものがたりするかたはらに予が居りしに、酒井うちわすれしにや、わが方になるかみてふ刀あり風神雷神の目ぬき付てなんとこま〳〵かたり給ふをききて、これぞわが方へ歸る時なりと思ひて、其刀は我方よりまいらせたる也といひぬ。その後吾臣をして使としてその刀を乞ふ。この事辻勸平家の記ろくにあり寶藏の覺書にもあり。あたへず。又鈴木清兵衞をしてこひつゐに得侍りぬ。いま寶藏におさめて國家鎭護のたからとす。このとし牧野備前守（長岡侯忠精）などと信友をむすぶ。みな月廿あまり二日にか憩藩の命を蒙り、おなじ廿あまり七日にか發足し侍りぬ。炎暑酷烈なりしかば人々くるしみけり。されど多くのとも人にひとりもわづらひしものなかりけり。道とゞこふりなくみなこぞ凶年の手あてありしを喜びて、予が行先わつかのとゞこふりもなく侍りしぞいみじ。白川江つきぬ。政事なんどの事はそのしるしたる記ろくもあればはぶきぬ。

家中人割扶ち《持》にてたれ〳〵も飯料にことかきしかば、皆々うちつどひて願ひ出したきなんど聞えし。組頭など不レ残招きて、「至てひん《貧》困に及ぶ者は願出よ。重寳も人命にはかへかたく侍ればいかにもして救ひなん」〔この自筆とめあり。〕といふ事しるしてやりければ、みなみなよろこびて「當年はいかにもしてとりつゞきなん。かならずくろうに思ひ侍るまじ」と一人〳〵くわしく書付てさし出したり。このとし米を藏よりあたふるに處々の米なればよきもありよ《あ》しきもありみな人うたがふ。よて藏よりうけゐてかへる道に、横目一二人出して庭にてはからせ、減はそのほど〳〵ましてやりたり。その後馬廻三《(林平)》人ほどづゝ藏へつめさせたり。とやかくしければ、そのうたがひも散じたり。宮部に鐵炮をまなぶ。鳥など多くうちたり。家中にてはうたず、外出又は郭《クハク》内の山にてはうつなり。扨北小路の山に御靈社を立んことをはかる。そのとめしうちにもあまたあればこゝに略しぬ。すべて政事は一ツ物のあらたまる所より人氣の變じになり侍る物ぞかし。先祖を此地へ請じ侍りて、その古代舊家はそのほど〳〵獻備のしなをさだめたり。その御靈社の入箇は、予が臺處と小納戸の益金のみにてたてたりしかば、いよ〳〵奢をはぶくのおしへのひとつと成たりけり。

のちに武備の祭と稱し武藝のまつりとて二八月に行なふ。近邊一揆等にて、急に人數さし出し候ときは、すぐにその武備の祭の人數をそのまゝ出すなりけり。武器米金まで別にしておく事也。

武げいは人々達者になければ物の用にもたちがたければ、これを以て人をすゝめ、かりにもおごり風流にながれず、武邊にしみ候樣にとの事、これ祖先の御心をうけしなれば、世々へてもくち侍るまじ。寶藏のしなとりあつむ。寶物のおぼえにあり。武げいを見又不時に見、又近侍をしたがへて家中をありき、けいこ所などへ立よりて見る事度々也。

家中武器ことにもてあそぶ風とは成ぬ。

正月の百姓の禮錢をもて具足をかひ、それを家中の望みのものへ鬮をもてあたへ、價は一年に少しづゝ上納さす。すでにことしまで十餘領におよぶ。

このとしは豐熟せり。よて人割扶持辰の年の分不殘かへす。巳のとし十月より十二月まで三月の分は三年にかへす。過にわたしたる分は五ケ年に引とる也。

在中かしおきたる米金半ばを、のこらずつかはし捨にしたる也。

九十巳上のものへ一人扶持をあたふ。子五人もちしものへは米を稱美としてあたふ。

こぞ(天明三)卯のとし。施行せし町在のものの門へ感札をあたふ。そのほど〳〵酒を以て稱美す。萬雜帳二册。一册は庄屋がもとにてしたて、一册は長百姓にてしたて、庄屋よりのは鄕使へ出し、長百姓のは次橫目へ出さす。

村ごとに市女をよびて年に一度づゝ口よせをさせ候事申付る。右によつて子をかへしたるものなどあれば、其子おのづから出てはぢたりとぞ。せきわく(關和久)のあたりにては、その子の爲にはかにやしろなどたてしとはいふ。　この國女少なければ越後よりよびよせて百姓にあたふ。

町在へ桑・楮・からむしなどをうへさす。

ぬしをよびてなさしむ。鍬かじをよびてなさしむ。

城下あやつり願出たればゆるしぬ。しかるに家中おさなきものまで、武士はゆかぬ所ぞとて、行もの一人もなかりしぞ。風義少しはよくも成りたるやなんどきこゆ。家中酒のむものも、酒宴等なす事もなし。番入等ふるまひ、又はべんとうふるまふ事もなし。

明(天明五)のとし巳のとし＊武げい等のせわきびしければ、みな〳〵せい出したり。四月の比湯＊本村へ行ぬ。＊山手四ヶ村よく農事にせい出しけれど、土地あしくていつも悪作せり。よて一人ごとに米をあたふ。こゝを七つ比にたちて、湯本とう《塔》のへつり《岪》の邊を行。くれければ湯本のほとりの寺にしばしいこひ、もゝひきはんてんきしまゝにてゐたり。ねふりもやらず、人々とはなしなどしてゐたり。又夜明るころ、板小屋・湯小屋など へ行て、くれ比七つ過にこゝへかへりぬ。＊みな予が跛足をほめぬ。

月に二度づゝみづから大學を講じて兩人・ばん頭・そう者・用人の類みなきく。いひきかす。＊いま講義あり神藏におさむ。月に一度づゝ和歌の會をなす。短冊などものべ紙をきりたる也。懐紙ものべがみを用ゆ。歌よみ終れば、はぎもち・だんご又は湯どうふなどやるなり。酒は和歌會の始と終りに出すのみ。風流にも質素にせよと教しゆる微意なり。

服部丹後・そう《奏》者なんどにやはらをおしゆ。月に三度づゝなり。＊闘秋風・大學講義などをつくる。

こぞ仙臺にて餓死したる人、四十萬にみてり。津輕も二三十萬人死せり。その餘右のごとし。

予が領國は死せるものなしといへり。されど餓死せざれども、食物あしくて死せるものはありけんかと思〔ふ〕へば、いまも物くるし。せんだい《仙臺》一の宮へきとう《祈禱》をたのむ。このことは予が深き意なり。白川のかためとしてこゝに在城す。白川は奥州咽喉の地なれば、ゑぞ・松前・仙臺のさましらずしては成がたし。又今治世にその事聞出してんといふも淺はかなり。ゆへに、夢の告といひなして一の宮へ代参をやり、その後年々行きたえずして、よしあしに付、一の宮よりしらせこすべきに定めをけり。

城下通り客のとき、本城空虚なりしかば、その時々番頭など組を少しそへ、本城にとまる事さだめたり。

★家柄のもの若きより重任可レ為侍れば、萬づの事うとうとし。されば修行などつむべき事も出來ぬなれば、出席といふ事をさだめて澤勘げ《(老分)解》由・吉村《(用人)》又市を用所・横目役所へ出席させぬ。さてみならひ聞ならひて、萬の事修行をつみて、猶重任もさすべきに定めたり。その外家の規定あまたしたりけれど、それ〴〵書留置ばこゝに略しぬ。百姓まへにて、夏冬一人に付、いかほどとさだめて米麥をたくはふ事をおしゆ。今もてしかせり。

(天明五)五月にたちて江都に六月朔日につきたり。

江都の門限みだりなりければ、萬づさだめたり。この事いまもて行とゞきて齊整たり。むかしよりは風義も半の餘はかはりたり。かはりたるにつきて、またさま〳〵の事もあれども、あやつりの絲をひきつなをひくごとくなして、しらずしらずによき道へよらしむるなりけり。

江都へ出てより、又たえず田邸中興の事など考けれども、させるふしもなし。公義の御政務、おぼつかなき事のみ多かり。よて常々心をいたむ。

在國中成功もありしかば、みなみなうちつどひて、「その事きかまほし」「いかにしてかよからん」「政はいかゞぞ」と日々のやうに松平紀伊守(信道・龜山侯)・本多彈正(本多忠籌・泉侯)・肥後(本多忠可・山崎侯)・戸采女正(戸田氏教・大垣侯)・松平伊豆守(信明・吉田侯)・堀田豐前守(正毅・宮川侯)・加納備中守(久周・八田侯)・牧野備前守(忠精・長岡侯)・牧野佐渡守(宣成・田邊侯)・松平越後守(康致・津山侯)・奥平大膳大夫(昌男・中津侯)らみな〳〵したひきて刎頸の交をなす。よてけうおう《饗應》ちそう《馳走》

★(原本頭註)
書院格・舞たい・無格のほど〳〵のさだめをして貴賤をわけたり。深意尤ある事なり。そのころは人々かろきものはらけがはざりしかど、後はさせるふしもあらじ物と思ひ侍る也。

などなす事もなく、終日膝を交へて人道政事の事を物語なす。予させる事もいはず、たゞ〳〵大君の爲によろしき人を出かし奉らん。これのみの願ひなればさま〴〵と心をくだきて教へ導きけり。いづれも〳〵聰明の諸侯なりければ、政務なんど殘《に》る處なくなして、ことしごろは采女・備中・紀伊守・彈正・肥後などよほど都下を名を發したり。家中にても予と交る事のめでたしなどいひあひ、或はるす居へさきのるす居より、「猶ねもごろにして萬づいひきかせ給はれ、家老初めねがひ侍る」なんどときこえたり。松平河内守(定奉・今治侯)・有馬左兵衞佐(譽純・丸岡侯)・松平大膳亮(忠告・尼ケ崎侯)らも友たり。これらは才もかくべちにもあらざれどいづれ少年の才子なりけり。彈正の爲レ人は古にいふ英雄、かつ至て信實深く、義あつてよく物に感ず。すでに孝恭院殿(徳川家基)薨御のせつは(安永八・二・二四)、五十日肴酒をやめ、廝上下にして、朝より夜る《ママ》まで端座してつゝしめる如きの人なり。天明六年出水のせつの家中のとりまはし、物の行とゞきしさま、おどろくべきほどの事なり。家中手あて殘る處なく、米金をちらして救ひなんどなせり。つね〴〵のけんやくはこゝをせんとの爲なりとてしかせり。また水に汚れしふすまなんどのつくろひはいさゝかせず、食物も晝のみ一菜にし、朝夕はめしのみくひたりとぞ。これは又儉約なりといふ儉約と、不時の入用とのわけをしるぞ、まことのけんやくとはいふべき。いま四十あまり六七つにもなりなんか、いままで百匹の金にてわがなぐさみのしなとゝのひたる事はなしとなん。かゝる質素なりければ、家中も本地にしてやり、何事のそなへ、火事軍事のそなへまで手厚なり。名譽の人なり。肥後守、爲」人は至て篤實にして好善の德あり。人のよき事をきけば、忽ち淚をながして、そのよろこべること、わが子のよきことといひ、よきこと行ふをみるが如し。親疎のわかちなくしかり。この人よく人々を導きて、とにかく予が館へ來てとへかしとすすめしより、かくの如く交りはひろくなりたりける。戸田爲」人は至て辯才もあり、よく物にかんにんするの性あり。妻甚だ妬忌なり。これによく過して、ことしはその妬忌の性もやみて、關雎の德をなせりとぞいふ。これ又政をよくしてつね〴〵予にさま〴〵のことをたづねとひたり。予國にゐれば、たよりごとに文して、しか〴〵はいかゞせん、この事はいかゞせんとて、つね〴〵いひこし給へり。松平越後守爲」人博學辯才無雙。相學天學をなして高談をよろこぶ。いかゞしけん予をば至てしたしみて、つねに來りとひ給ふ。相客あれば來り給はず。これ又偉人なり。松平紀伊守温厚されども小量なり。政をよくし給ふ。予にとひ給ふ事つね也。事獨見にて決し給ふべき事をば、つねに來てはとひ給ふも、温厚ゆへとぞおぼゆ。加備中守《(加納)》爲人剛直、至てよく人をみる。又偉人。予を初て牧野備前守かたにてあひ、忽ち信じて信友となる。常に予を貴ぶ事神の如し。予つねにあたらず、畏縮するのみ。松平伊豆守明敏よく人に遇す。才は德にまさるともいふべし。予より／＼高遠にはせぬやうにといふ事なり。これらいかゞしけん、予にはことに服して何事も赤心をあかしてとひ給ふ也。予のたらざる處はおぎなひ給ふ。牧野備前守は草率としたる人にて、重任はいまの分にては如何なり。人となり實ふかく、感よく應ずる事、内に邪少なし。尤も政事よくつとめて、予にしたひて、はつかの事も行ひ給ふ君子也。同佐渡守は温々君子にして愚にちかし。されど不文過實意明鑒の人なり。至て予を信じ給ふ。大岡式部少輔《(忠要・岩槻侯)》も予をしたしみ給ひしが、天明六《(九・二三)》のとしかくれぬ。みなこれらの交り、麁食のみ出して小室に偶座し、かたはらの人をしりぞけて、朝より黄昏に及ぶまでもかたり侍る事なり。いづれもよくつとめ給ふ人々なり。

天明未《(七)》六月参勤之比、米價俄に高直に成、江戸おもては、一兩に二斗までに成りしかば、かろきものどもくらしかねて、御府内の豪富之町家をうちつぶし亂暴をせしなり。その比、大阪・長崎・堺ならびに國主城下〳〵も、みなそのごとくなりし也。こゝによつ（て）天下の御政に缺事も侍るによつて、かくはなりけらしと、心ある人みな眉をひそめあへり。それより參勤して御禮申上しが、おなじ月の十九日にめして、老中に被レ仰二付上座一、侍從に被レ任、かくべつ御懇の御むねを蒙りぬ。このとき御艱難の御時節にて、人の臣たるもの、心力を可レ盡の期なりければ、いまさら辭し可レ申も、臣節をうしなひたるとやいふべきと思惟しければ、まづ御うけを申上ぬ。

御政事いつとなくゆるみもて行て、諸代官はみなわが身の得手のみせんとおもへば、御取箇は次第に減じぬるうへ、安石代とて多く金納にせしかば、累年御藏の米不足して、御たくはへも乏しかりしに、卯年（天明三）午年（同六）一統の凶作、ことに午年の大水、關東立毛なかりしかば、いよ〳〵御藏入少なく、未の夏ころは夏の御切米わたさんにも御空倉なればせんかたなく、うら賀あたりまでも御城米の入り來るを見せて、入津すればその米をわたしけり。ことには大坂の御城金おびたゞしきが、十のもの一つになりたるそのうへ、御城下にては御くらのむなしきをみて、姦商彌米價を引上しに、平準せんはかりごともなく、伊奈（右近將監・關東郡代）へ御救の御用を被レ仰二付一御金貮拾萬兩を下しければ、それをもてたかき米をかい集め、町々へわたしけれども、はつか半月の食にもささふべしとは見えざりけり。そのうへ田沼の御利益とて、下をかすめ侍ることをば儉約と覺えければ、田沼の貶せられしより、御儉約てふことをいみて、只下のよろこぶ事をといふ御政になりしかば、いづかたの御役所も御用度ことに多くて、ささふべしともみえざりけり。その外御役人も皆あるはひいき、又は賄路によつてすゝみしかば、十にして六つ七つはその職にかなはず侍りき。執政の評議も、刀筆の吏の心のまゝになりもて行て、國躰之事は露心にかくる事なかりしぞと思ふも、心ぼそき事にて侍る。

翌々日之比にか有けん。是まで御政事の行とゞかざるは、その本之たたざるによるてふことなどかき集め、金穀之柄上に歸し候事、並にその職々の御人を精撰あらるべき事、賄賂遏絶の事など書付て同列へ見し、此趣同意にて候はゞ、をの〳〵その旨をもてとりはからひてんといふ。いづれも同じぬ。これによつて、御政事一變之際なけれ(ば)、人心豹變之功うすきものなり。ことにいまは田沼主殿頭(意次)之みなすゝめし人々にて、おのづからその時におもねりて仕しかば、いづかたの役々にも不正之事どもあり。いづれの人々にても不正をせざるは稀なるといふべきほどなりければ、擧朝の人みなわが身のうへをあんじて「いかゞなり果ん」、「けふはくらしつ、あすはいかならん」と思ふ心のあれば、おのづから御趣意もとゞきかたかるべしとて、その旨を言上せしかば、その後黒書院へ諸役人をめして、御直に、御代々様の思召を被レ繼御政事等御せわあらせられ候へば、いづれも出精いたし御安心あらせられ候樣可ニ心掛一旨仰あり。入御之後予出て、これまで過去りし心得たがひ聊の過失などは、皆すてゝ御とり用ひはなきよし。已來之處かくべつに相守るべしと之趣長き御書付也。右を以て教諭す。これによりて、人々まづ少し心を安んぜり。さるよりその御出入之處を考しに、卯年(天明三)よりして御收納かくべつに減じたるに、御入用は次第に超過せり。これによりてまづその節儉の事をしき行はざれば、とても御繁榮のもといとはいひがたし。ことにいまは萬石已上已下ともにみなおごりになれて、着服を初とし、萬之弄玩のものに至るまで、風流華美を盡さずといふことなし。こゝによつて、町々はなを遊手の徒のみ多く、日々月々に新たに作意せし物品うりきそはずといふことなし。これらはその奢にながれたれば、異とも思はざれども、われそのころ三十なりけれど、いまもて遊ぶ品々、その起立はしれる品多きを以てみるべし。たとへていはわ《は》、女のびんにくじらにてさすをびんざしといふ。むかしはなし。只つとさしといふものありしとぞ。そのつとさし今はしれるものもなし。予十計りのとき、このびんざしをみしに、たゞ直に製したり。その後そのくじらを弓のごとくに曲げてうれり。このごろは銀又はたいまいにて製す。又はいにしへ子供の玩物に、うるし繪といふもの有。わがおさなきと(き)は、その繪をみし事もなきなり。その後べに繪とて、べにもてすりし繪をあきなふ。その後チヤヤ染とて、紅黄紫などにて六所玉川など之けしきをすりて出す。その後明和酉年(二)より、大小とてその年の月の大小の字をいろ〳〵に作りて出すこと甚行はれり。そのとき板木にてさま〴〵に色とりてすり出す畫ありき。それよりいまいふ錦繪といふは初れり。ちかき比は、東にしきえとて、くろきとむらさきにてすり出し、又は三枚四枚ほどづゝつゞき繪もあり。この二品にてもみるべし。われおぼえては、十歳よりしてもはつか二十年のうちなり。その後に初りし品いか計りともいひ盡しがたし。凡そ寶暦之比より、にはかに花奢風流の風きそひけるなり。その外町かた之あきない已前にかわりし事は猶末にしるす。

これによつて、節儉之義など被二仰出一、その後は只簡易になくては人の實事もたたざるものなり。いまは書出す文書類も、その書かたなど至てくわしくして、そのかくことの實を論ずる人もなきほどなり。ゆへに諸役所の書付おびたゞしく、筆紙之費ゆること、あげてはかりがたし。のちには若年寄老中などいふ支配は、其支配きりに書付出す事になりたり。そのころまでは、同じ書付帳面三通りも四通りも書て出しけれぱ、人々この勞煩にもつかれぬ。此書付數を減じたるにて御用之事はしげけれども、それになぞらへては書付は大きに減じぬ。

そのころまでは、國體にもあづからず、何にもならぬ事に仕來りの見合せを專とせし也。たとへば老中日日之登　城に月番の若とし寄登　城すれば、引つゞき若年寄不ㇾ殘登　城し、下乘にて不ㇾ殘おち合いて、連立て登　營す。老中も非番之わかとし寄不ㇾ殘登城する後、またそろへて出る也。屋しきの遠近もあれば、それにしたがひて遅速を一ち《致》にせんとて、それ〴〵の門へ付人をし、又は下馬へあし《足》がる《輕》數人出し、扇を赤くし白く樣々の合印をして、たれ人の登　城には何の扇を開くといふごとく相圖して、登　城する事也。その外おなじ平常の服にも、何日は何を着るべしといふ如く、繁文とやいわん。只その比はかうやうの事にのみ心を用たり。予これを不ㇾ殘省き終て、いまは四つ時の御大鼓にてみな出る事には成りたりける。また老中へ賄賂銅臭おびたゞしさ、これまたいふ計なかりけり。その賄賂といふは、まことに公行したる事にて、金子など袖にしておくるなどはむかしの事なり。近來は小たんす、又は火鉢、又は三所物などといひて、みな黃金をおくるなり。その外田沼之別業つくるときけば、爭ひて木石をおくり、月見などいへば、萬石已上已下とも、臺の物などさま〴〵に工夫しておくる也。いづれも金銀をちりばめぬ。その外甚しきに至りては、何役に進みたらば、その年の役料をおくるべしなどいふもあり。廉耻地をはらひたるといはんがなげかしきありさまなり。事の不ㇾ被ㇾ行、人を不ㇾ被ㇾ得はもととしてこの賄賂によるなり。されぱこのおくりものをもいたくたつべしとて同列談じ、いまの如くに嚴重には成たりける。予御役になりたる比は、またこぞのやうにふりつゞきて、日光もうすかりければ、ことしもまた饑饉ならば、御倉廩はかねてむなし、いかゞあらんとのみ人々いふ。なを心ある人は予にいひて、はやく重役之黜陟をはからひ候へと之、事いそぐ人もありけれど、ことし有年ならば猶はかるべし、いまに至りては金穀之柄之歸さむも術も法もあるべからず、只人情を安じて天幸をまつよりほかなしとこたへしなり。又或《あるひと》いふには、もしことしもまた凶年ならばいかゞし侍らむと尋ものあり。予こたへていふに、外にせんすべなし。只その信を守りて、民とともに餓死するよりほかはなし。よく人心を得給はば天下の金みな君のものなり、一天下米穀盡果ば、天下と共にたほるべしといひたりしが、その後空晴て暑氣も烈しくなり、ことに有年にて、これまで兩に五斗六斗とせし米にはかに一石といふまでにも成りぬ。これらは天幸にして御神德之いたす處なり。さて又その比の勘定奉行にあひて御國用のことを尋ねしに、午未(天明六)(同七)の凶年御凶(天明六將軍家治薨)事等にて御入用多く、來年に至りては百萬兩も不足すべし、このうへは天下の豪富之ものより御用金をとり立てその御不足をつぐのふほかはなしといふ。こゝによつて同列へもそのことといひしにみな初めて聞て驚く計りなり。いかゞあらん、外に存慮は無ㇾ之哉とたつて《ね》しに、中々今に至りては外にすべき事はなしとて、みな失色す。こゝに至て、もし予に此ことを御任せ被ㇾ下候はゞ御報恩の爲いかやうにもし奉るべしといふ。人々よろこぶが中にも、けう《稀有》の事かなとて信ぜざるなり。されどもかくておくべき事なければとて、その旨言上ありしよし也。こゝに至りて、かたじけなき仰を蒙、存より一盃にとりはからひ候へと之御事也。これによりて、そのとしより御節用の事、御出入不平之義を平らかにせんとはかるも、只その御人なり、いかでわれ計にて萬機を行はん。これによりて重役よりしてそれ〳〵人物を撰び、進退黜陟之義、衆評之上〔御〕伺え《ママ》しかば、皆々その奏を可とし給ひしなり。しかるに（天明八）翌春京都よりにはかにいひこしたるには、京都未曾有之火災、二條御本丸よりして、　禁裏御所御所不ㇾ殘炎上しぬとつげ來る。擧朝失色す。直に京都の御火消をして　行在所を警衛すべし。御勘定奉行は一人のぼりて假之皇居を營すべし。このときに關東の御威光たつべき時なれば、金穀を出して京都の町人へたまい、燒屍はとり集めて墳墓をきづかせ、このときに乘じて永續之主法とり極むべしなど、こま〴〵さし圖したり。

上にも去年のくれすでに御出入むづかしく、ことしの御不足之補ひかたもなきといふほどなるに、こたびの御物入うちかさなりなばいかゞあらんと、加納久周（側用人・備中守）をして御尋ありけり。予言上せしは御當家となりても炎上はすでに四度に及べり。また異とするにもたらず。惣て禍にしたがひて、その處置宜を得候ては、かへつて幸に成り侍る事あり。考候に此度之禍、かへつて御勝手御復古の御もといになるべきかもしれ候はず。少しも御くろう《苦勞》に思召され候はぬやうにと言上しけり。この處大膽なる様なれども、少しこゝろにおもふことありければ、左は言上せしなり。この思ふところ始終つらぬきしは先見にてはなく、全く御神徳の致候所也。それよりして御造營のかゝり勤むべき旨蒙　仰。このまへ（天明七・十二）戸田因幡守（忠寛）所司代御免にて、松平和泉守（乗完）跡役被ニ仰付一たり。右上京之ときは、予に引わたしとて上京すべき旨去年仰付たり。しかるに此大炎に付引わたしは追て之事にて可レ然、いづれ所司代なくてはいかゞに候はんとて　和泉守には先へのぼるべき旨被ニ仰出一のぼりぬ。

依レ之このとしの五月、初引わたしとして上京す。ことに此まへ思ひもよらず輔佐之職蒙レ仰御脇差（無銘包永）を御手づから被レ下、御ねもごろ之事ども、身に餘りて難レ有かたじけなき事ども也。此上京も御輔佐之義仰付られ候うへは、こと人をさしのぼさるべく候へども、また遠國のやうすみもし候はんも可レ然、かつは御造營の義かけ合ひ候爲にもとて被レ遣候間、いそぎかへり候へかし（と）嚴命也。道中もことに貫目を嚴にし、家中之ものへもあつく令を下し、道々のもてなしなんどをも辭し、人足をも多くつかはず、かれこれして上京せしに、所司代行むかひて此ころ紫淸兩殿御復古之義被レ仰出ーたりとて畫圖なども見、いづれも御費用など夥しき事と察し奉りぬ。それより參內し拜ニ　龍顏ニ天盃を頂戴し、それ〴〵御使などつとめぬ。これまで關東にては冠服の事もおのづからうとかりけり。予も職原官服など之事はうとけれど、田邸之御かげにて、少しは聞及びし事もありければ、それ〴〵心をつけぬ。進退も膝行すべきを、關東にては手をつきてはひありく也。これらもその心得したりけり。しかるに廣橋大納言は。予の由緒ありけるが、これらもあとにて進退ことに尤と見えて、關東の御使にはめづらしといひ給ひし。鷹司故關白殿（輔平）にもあひたるに、この比の參內之ふるまい進退之樣子叡感にて候ひしといひ給ひぬ。參內之比、六門のうちは下馬なれば、鑓などもふせて持つべきを、いつとなく敬禮をもうしなひて、そのさたもなかりけり。御附又は所司代へ尋しに、させることなしといふ。よくかうがへしに、下馬うちは鑓などふせてもつべし。人はともあれわれこそはふせてもつべしといひ付たり。それより所司代もふせてはもたせぬ。後にきけば、十年ほどまへまではみなふせてもたせしと也。これ又王室を貴びし一事ぞとて人々賞せし也。ことに御役を蒙りしより、まことにうへしものの食を得、かわけるものの飮を得し如く、みな予を賞譽しけり。この上京にあたり侍りても、さぞな京中へよき事いひ出し振恤之政行はれんとて、人々拭目してまちたるなり。こゝによつておもふに、予は　關東の　上旨を行ふ職にして、わが物にして行ふ事にてはなければ、いまその人の心のむかひたる（に）乘じてよき事仕出したらば、さこそ人々もさてとおもひて、いよ〳〵振主の威をたくましうするともいふべし。ことに下にては仁政といへば金穀をほどこしたまふものとのみおもへば、いかなる事被二仰出一候ともあきたるべしとも思はず。ことに上京之度々花やかなる振舞なしなば、此のちきたるものも、またおとらじと思ふやうになりもて行て、つゐには下へへつらふといふことにも近かるべし、このときは何もせづ何もいわずして、たゞ下をおびやかし又は上をしのぎ敬禮を失なふ事さへなくば事たるべしとおもひて、何々の御役もみな予が上京をもちて滯ることどもとひ訴けれども、予一存にては何ともいひがたし、下向之うへ伺候てこそさたし侍らんとのみいひたりける。

假皇居之御さま見あげしに、いかにも狹少之主上には青蓮院宮を行在所とし給ひぬ。御場所にして、御歩之御間もなかりしかば、關東にてもさこそあるべし、上京のうへ御狹少に候はゞ、いかやうにも御たてなしなどさたすべきとの命を蒙りしと、御附を以て兩卿へ申入しかば、堂上にてもことにかたじけなしとぞさたしける。このこと仰をためしに似たりけれど、かく計らひてのち、その日同列までそのよしくはしく申入、御聴に達し候へと申遣はしたりけるが、よくぞはからひしと之仰なりとぞ。その後同列より申こしぬるぞかたじけなき。

予は古き文書又は畫圖・古畫・古額などうつしをくをたのしむ。此事多き旅行なりけれど、道すがら之寺院など之什物とりよせ夜などもうつしとめて行ぬ。京にも十日ほど居たりしが、参内など之いとまには名地など巡見して古物もとめてうつしかへりし也。惣て萬機の御政に預り侍れば、いと事多なれど、かうやうの有餘あるがゆへに病をも生ぜずと人々いふ。

上京のとき御造營之義いづれ御失費はかりあるべからず。ことに復古之思召しきりなれば、いかやうなる御沙汰に可レ被レ及もしれざれば、（鷹司輔平）關白殿に謁見してその事のわけくはしくいはむと庶幾す。幸ひ關白殿にもあひ給ひたきと之事にて侍るまゝ、そのよし關東へも申上て かつ由緒もある也。 一日謁見せしに、丁寧にさたし給ひ、盃なども出、もてなされし。畢て復古とてその古制之分寸を追ひ侍るは末の事にて侍る。そのうへ古と今は時勢もたがひぬる事、その外節儉を示さるべき事等、一々呈出せしが、大によろこばれて今にして公武御したしみの處もくまなく侍るべしとて、それより當職中は御書付など度々下し給ひけり。すでに此末尊號*之事もこの謁見故によくもその意を得たり。その呈上之書付は別にしるしをけばしるさず。

京をたちて奈良・ふしみ・大坂・山田・駿府などめぐりてかへりぬ。かへり之道より雨ふりつゞきて、川々水出たり。このうへはまた民害いか計なるべしともはかり得ざりけり。一夜駿府にとまりて、あすは久能へ參詣すべきといふに、雨はふりにふりたり。その夜少しも寢ず、たゞ天災地妖なく民やすく五穀豐熟之義、一心に東照宮を念じ、もし此願かなひ候はば、あすは雨をはらし給へと觀じてその夜も明ければ、いそぎて起出、久能へもうづるに、いとくもあつく中々晴べしともみえず。けふまで五日六日もふりつゞく也。御坂を上りしに雲霧あつく咫尺も見えわかず。それより御宮へもふで拜して御階を下りしに、はじめこし道にみえざる塔や木だちを見る。よく心をとめてみれば暫時に雲きり晴わたりて、それより雨もやみたり。まことに歡喜骨髓に徹してかたじけなくぞおもふ。この序にかい付んも小量のほど可恥の至りなれど職を黍りてより已來、いささかの間も只御神德をいのることたえず。起臥反側之間も心に念ぜずといふことなし。神人より巫呪のことをさづかりしも、その念のこるところとやいわん。しかしかくいへば怪說をいふにあたればわざとくはしくはあらはさず。

それよりして御造營の事ども申決。いづれ復古てふとてもそのほどもあるべき也。

新制度は履霜之漸おそるべければ、已後御新制之義は所司代にてかたく御ことはり申上可レ然。此義よく〳〵あと役へも申傳維持すべき旨被二仰出一。こたび兩殿の御物數寄はまづとげられ可レ然に決、並に公義之御入用をもて可レ被二仰付一に決しぬ。松平豐後守(島津齊宣)・細川越中守(齊茲)志もありければ予が臣よりして兩家之臣へ寸志可レ盡時節ならましなどいひやりければ、兩侯も尤もとて廿萬兩づゝ獻じられぬ、尤四五ケ年にわり合ひて、さし出し侍ることには成りたり。已前五萬石已上之諸侯へは御築地金とてさし出し侍ることなり。こたびは兩年にわり合ひてさし出候様被二仰出一し也。この御用中こと〴〵むづかしかりけれども、或は關白殿へいひやり、又は自筆を以て所司代へいひやりて、事とゞこふることもなく戊年(寛政二)の冬御造畢にて遷幸還幸ましまし〳〵、その明けのとし御歡とて　禁裏より御製御詩、仙洞よりは御製之御歌を關東へ進ぜられぬ。★

禁裡御詩……こゝへかくべし。

「　新宮成後手書賜二征夷大將軍一〔家藏家齊臨摹御製詩により補ふ〕(校訂者)

遙慕二周文囿一　不レ羨二漢武臺一　舊章一是率
新築本非レ催　百工忽告レ竣　整レ駕自レ東回
拭レ目九重裏　九重實美哉　兩殿應二規矩一
四門總崔嵬　燕雀繞レ簷集　橘櫻挾レ階栽

豈其爲ニ逸豫一　講レ禮共徘徊　委レ佩群僚會
將レ幣九州來　素心既已足　起臥感ニ鹽梅一
欣然歌思動　乙夜薄言裁」

仙洞御歌

とのつくりみがき立たるうれしさの心をみする大和ことのは

こたび御造畢ありし後、關白殿を初として皆關東之御威光をかたじけなく思はれけるとぞ。禁裏よりかくべつの事とて

上を從一位に御推敍あるべしと二たたびまで御內意有けり。しかるに御當家にて例もなき事にて、殊に未だ春秋にも富せられ候へばとて、堅く御辭退ありけり。誠にありがたき事どもなり。何月何日（十二月十二日）予をめして久周（御側用人加納備中守）などをもて仰出されしは「禁裏御造營御大道之事にて侍るを、指揮無ニ殘所一いたせしかば、御滯もなふ御造畢に至り、叡感も不レ淺、御詩をさへ御拜領之義無ニ此上一思召候。右は其方出精故と思

★（原本頭註）

關白殿より忠信の義など　叡感の御書二つ三つ書のすべし。

召候」とて御手づからその　御製をうつし給ひて、予に下し置れける。まことに有がたさいはんやうもなし。

惣て此上京の比御めし之御馬にくら皆具をいて被レ下、かつ御いん印《印籠》並に御藥など數々被レ下、いづれも御手づから御つゝみ御ゑらび遊ばし候しとぞ。御印籠は華やかに候はゞ越中守下げまじきと思召、わざとかうやうの御印籠は下されしと也。御藥のうちに一角あり。これは　常憲院殿（德川綱吉）の御杖なりしが切らせ給ひて被レ下しと也。御造營はてゝ後御ほうびとして御刀下し給ひ　禁裏御所〳〵より……このところへかくべし。

「　家譜より轉載（校訂者）

寛政三年正月二日

禁裏より（註、光格天皇）

眞御太刀　一腰　守家

三十六人歌合　一筥

御太刀箱島桐白木菊桐御紋散し金粉にて高蒔繪銀之鈚淺黃紐房付

御太刀御拵

一　赤銅なゝこ金に而菊桐御紋御金具

一　御目貫菊葉附

一　御鞘梨地菊御紋金

一　御柄絲黑

一　御鞘卷同斷

一　紐淺黃地金入たくぼく

一　御袋淺黃地金入

一　紐淺黃房付

三十六人歌合筆者

人丸　美仁親王　閑院彈正尹宮

貫之　隆前卿　油小路前大納言

躬恒　實祖卿　德大寺大納言

家持
赤人
業平
遍昭
友則
猿丸
小町
兼輔
敦忠
朝忠
高光
公忠
忠岑
齊宮
頼基

頼熙卿　葉室中納言
俊親卿　坊城左大辨宰相
持豐卿　芝山宰相
爲敦卿　藤谷左兵衛督
小實卿　外山修理太夫
通直卿　愛宕三位
信庸卿　西洞院左兵衛督
小資卿　豐岡右京太夫
保季卿　鍛前中納言
篤長卿　甘路寺按察使
經逸卿　勸修寺大納言
治孝卿　二條左大將
政熙公　鷹司内大臣
賞季公　西園寺前内大臣
公明卿　正親町前大納言

敏行
重之
宗之
信明
清正
順
興風
元輔
是則
元眞
小大君
仲文
能宣
忠見
惠盛

爲泰卿　冷泉民部卿
廷熙卿　三條西中納言
有庸卿　六條宰相中將
基陳卿　石山大藏卿
雅威卿　飛鳥井右衞門督
康曉卿　堀川三位
福長卿　高辻式部權大輔
爲弘卿　桑原勘解由長官
量原卿　町尻三位
良俱卿　吉田二位
實繩卿　梅園前宰相
重度卿　大原中納言
忠尹卿　中山中納言
伊光卿　廣橋大納言
信通卿　久我右大將

中務　邦頼親王　伏見兵部卿宮
外題　輝良公　一條左大臣
箱銘　隆禮朝臣　八條少將

寛政二年十二月二十七日
仙洞御所より（註、後櫻町上皇）
眞御太刀　一腰　貞次
朗詠集御手鑑　一筥
御太刀御拵守家御太刀と同斷に付略之
朗詠詩歌筆者
池凍東頭　としの内に　典仁親王　閑院太宰帥宮
花飛如錦　世中に　實祖卿　德大寺大納言
風吹枯木　夏のよを　有庸卿　六條宰相中將
露簟清瑩　すゞしやと　重嗣卿　庭田中納言
但喜暑隨　秋たちて　愛親卿　中山前大納言

秋水漲來　天のはら　信通卿　久我右大将

一盞寒燈　おもひかね　胤長卿　高辻前中納言

雪似鵝毛　みよしのゝ　定福卿　梅小路前宰相

清唳數聲　おほそらに　實理卿　橋本前大納言

長生殿裏　萬代と　家孝卿　大炊御門前内大臣

外　題　輝良公　一條左大臣

筥　銘　公理朝臣　裏辻中将

寛政三年正月四日

女院御所より（註、恭禮門院）

九十賀記　一箱

御絹　五疋　白羽二重

筆者

九十賀記　重嗣卿　庭田中納言

外題　美仁親王　尹宮

筥銘　實綱朝臣　中園少將」

初めに言上せしにもたがはず、京中之人氣かへつて御威光を感戴し、御材木もあまりて御手當とは成りにける。

代々之亂階は饑饉なり。さればその備かくべからず。午未（天明六・七）兩年饑饉のくるしみの、人々わすれざらんうちにこそよくはからひ可ㇾ然とて、かれこれ評義を加へたれば、その御備のかたはしもいまは出來たり。未のころまでは享保之御時つめをかれし大坂の御蓄籾も、半より多くとり出し、江戸の御圍米も有名無實に成りたりけるを、いまは大坂もやがて復古にちかくなり、江戸之御圍米は已前よりも高をましけり。駿府清水之御圍米をも籾におさめかふることにはしぬ。その外城詰御用米てふも、未年までには三つ一つにもたらざりけるを、戌（寛政二）年にも十萬石餘も御つめもどしにはからひたり。これまで例とてもなけれども、猶あつく評義をこらして酉（寛政元）年に至り、諸大名領邑へ圍米とて、一萬石に五十石之積りをもて、五ケ年かこひをき侍ることには被二仰出一。萬石已上もそれ〴〵心々にかこひ侍る也。凶年等之御國用には上納も可レ被レ仰義之旨も被二仰出一をかれたり。御三家・御三卿・萬石已下などは外にして、大がい四十萬石餘にも至るべし。また御領村に夫食米雜穀かこ(ひ)をき侍り候はゞ、十分の一つは上よりも給はるべしとふれたりけり。未年よりして年々につめて郷藏たててかこひをく也。いまにてもその米籾など已に少なからず。大坂社倉をつくりて、上よりも十ケ年の間年々御金を下し給ひ、川崎といふに藏をたつて米籾なんどをかい入る也。大坂三郷において志あるものはおさむべしとふれたりけるに、人々みな御仁惠に感戴しければおほく出しぬ。初年にも金千五百兩餘銀十四貫三百目、米六百石などいふたぐひ也、右は酉年に仰出されしが、戌に至りて二つの藏も充滿しければ、また〳〵藏たてつべき旨それ〴〵被二仰出一し也。京都にはかの火災のとき、米金かし給ひしを米にてかこひをくことに成りぬ。此米金被レ下てはいささかのことにして、京中數日之食にもたるまじければ、永續之爲にし給ふよしをいひ付、猶籾にて永久かこひ侍る旨を被二仰出一し也。これまでにもあらざるほど之火災なれば、此末いかゞと心ぼそく思ふがうへなれば、永續之御手當なし給ふといふをことによろこびしと也。からやうの御備ありければ、寅年(寛政六)八月九月大風雨高波にて、午年(天明六)のころにもおとらず洪水して、米價一日のうちに騰躍し、未年(天明七)之夏の事ども人々おもひ出したり。一夜のうちに米價百俵に八十兩にまでしたり。これによつて米あきなふものへ、邪に利をうる事なかれといふ事教諭させ、つき米屋へは一うすにいかほどと定めて米をやすくして下し給ひ、又は十月の御切米をそのころさし出され、又は糶米多くし給はせければさしもの米價も引下りて何のうれひもなくなりし也。これらも御米の御備あるが故也けり。猶米價の事はのちにしるしぬ。(南宮忠藏)

其外京都之姦商の缺所金を京中へやすくかし給ひて、その利息を以て米籾かひをくことにはなりたり。この二つ今にても石高いと多く、二棟之藏にもおさめかねて、今その藏などたつべしといひあへる也。其外濃州・飛州・長崎・山田などへも是までなかりし事ながらおい〳〵に圍米等被二仰付一、或は大井川出水にてわたりとまり侍れば、米價にはかに高く成候て、旅人難義に及ぶをもて、島田・金谷へも圍米被レ仰る。又は江戸町々、町入用とて無益にこれまた入用かゝりたり。これによつて、近年の入用をならして、其事々簡易不レ滯様に奉行所にてさたせしかば、その入用多く減じぬ。その減じたるうち之七分は、町々永續かこひ籾つみ金之料として、年年のけをかれ、上よりも御金壹萬兩町々へ被レ下、これまたつみ金とともにかし付、或は籾をかい納め、または鰥寡孤獨なんど之よるべなきもの、又は火にあふて家たつべき力なき地主なんどへ被レ下料に被二仰出一。猶のこる三分のうち、一分は町入用のましに被レ下、二分は地主へ被レ下。これまでかしやなど住めるもの軒毎にあくた《芥》せん《錢》・番錢とて出して、實はその入用にもならず、故にこの役錢をゆるされし也。これまたその積金圍籾一とせにても不レ少。年をおひ侍らば、いか計りかの備になり侍らん。まづあらましからやうほどにも饑饉の御備あれば、俄に亂階ともなり侍るまじき哉。

★此入用といふは地主の出すなり。たとへば此町は地代店ちんの上り高いかほど、うち町入用いかほど、地主の全くとるべきはいかほどと定りて、これらを家守なんどがはからひて町入用を辨ぜし也。しかれば此入用を減じて、その一分は町入用にさし加へ、二分は地主の増手取とし、七分はその町々にて圍籾積金になして、凶年の備とし、または鰥寡孤獨なんどにほどこし予《與》ふるなり。故に上納などいふことにはあらず。豪富之町人並に江戸町々地主のうち五人づゝこれをつかさどりて納拂をなす也。さるにそのころに被二仰出一候を、たゞ上へ聚斂せらるゝやうに思ひたがひて、あるはかくのごとく金銀上へあつまらば、天下の通用の金少なく成るべし、またはその減じたるも書面にて實の減はさしてもなければ、その七分とていだすも、地主の別にいだすにあたり侍れなんどとさま〴〵いひのゝしりて、人々こはいかゞあらんこの事行はるまじきかといひやひたり。これらの建議は御勘定町奉行なんどし出して、予へ伺しかば、例のごとくいかゞあらんなんど評義書そへて同列へ廻したりしにも、無極御仁政にてあんなれども民は始をはかるべからずともいへば、新

★　此の部分原本書入れ。

例の義かならず不辨のこと、下にてかまびすしくいひのゝしるべし。さらんにおいて予が輩少したりとも心を動かしなば、この法忽崩るべし。いよ〳〵動きなくば御聴に達し伺ふべしとの趣意いひやりたりけるが、この答ども同列よりして不ㇾ動如ㇾ山なるべしと答し也。この答を御勘定町奉行へも見せて、予らは如ㇾ此に思ふなり、されば疑ひなく取行ふべしと識してその旨伺ひしかば、尤之事とてその奏を可せられけり。はたして浮評紛々たりしかど、いよいよかたくとりて少しも動かざりしなり。逐ㇾ日て下のくるしむことにはあらざりけりと人々おもひて静には成りにける。

此義猶くはしく△印に書き置く。★

惣て御政のよきもあしきもその人を得給ふと失給ふとにあなれば、まづ諸大臣を初めとして、或は進み或は退き、いまにては同列頗御人をゑられしともいふべし。いまある人を論じては何とかいかゞなればいはず。すでにその黜罰せらるゝも酉年(寛政元)のころは一年に五十人餘にも及べりけり。御代官之贓罪を以て遠嶋なんどになりし、輕くは役をゆるされ、又は追ひ拂はれしもありしは已に八九人に及べり。故にいまにてはさほど之事はなきなり。これら之處置ねもごろにとひたづね、一々言上し御裁斷をねがひ侍りし也。世にはその不座せらるるもの罪狀一々いひのべ侍るにもあらざれば、これは寛なるべしなどいひしもありけれど、其的證なきはもとより言上衆評にも及ばざるなりけり。

惣てとりはからひし事、又は思ひたちし事、又は諸役所より評義して出し候事、定例の事は、その筋々之評義にまかせたれど、少しもこれはかく、かれはかうやうにもあらんと思ふことは、一々所存をかい付て同列へまはしたり。同列また所存をかい付て、不レ殘予が處へ來る。もしまた事大きなる事は、若とし寄へもかくのごとくして談じ、そのうへを御目付三奉行之類へ尋し、初めて之建議なれば、その決せざるをもて　上覽に入、　上旨をも伺ひて猶又論二談之一しけり。ゆへにいさゝかの事にても、獨斷してうかゞひし事はなかりし也。衆評不レ決事はおさめをきて〔不〕施行せざりし也。故によき事にてもあしき事にてもわがせし事はなし。只衆評之上　思召にて被二仰出一し事也。しかれば人の進退などは猶さらなる事しるべし。

★一五四頁參看。

ちかき比まで書付類までも、みなわが家へもちかへりて陪臣どもにうつさせ又はおさめをけり。われその職になりてよりは、いささかの事もいひきけみせしこともなかりしかば、公用人といふをつとめし日下部何某（もとは留守居をつとめし也。）がいひしには、「留守居つとめしときは公邊之御沙汰など聞しが、公用人に成りたればきくことなし、諸家の留守居出てこのころかゝることを仰出され候しなどいひても、かへってしらず」とてわらひし也。みなかき付はもちかへりて、その一件事おはれば一件之書付を袋に入、後來見て證とし考とすべきはそのわけをしるし、さもなき事は只何之書付などしるし、一々部をわけて袋へ銘し御用部やへ持出て御藏へおさめさせぬ。またおさめをくにも及ばざる書付なんどは、實に封緘して火中とかい付て家へおさむ。今にも死したりとて一つ之かき付たりとも家臣の見ざらんやうにとははかる也。故に機密の事ももれず侍りぬ。寺社奉行大目附など之御役々も、みな筆記はあと役へゆづるてふ事なかりしが、これ又一統へ談じてあと役へゆづりわたし、私家へは御用之事などのこらざるやうにと被仰出。今にては御用書跡役へゆづりしといふ屈御目付へも出す事には成りしなり。

御國用の事猶はかりみるに、すでに前にいふごとく御城金も多く出て、御常用もはかりなかりしかば、御節用の事どもとり計ひて、つゐに未よりして五年といふに御勝手御改正之義をしらべけり。寶永のころは猶更御たくはへ乏しければいわず。元祿之初めころより近きころまでには、明和のころを御備充満のときといふべし。それよりして明和(九)之火災、卯辰午未(天明三・四・六・七)の凶年つゞきたれば御出入いよいよ平ならざりし也。しかるにその御改正の法をしらべて、十六ケ年目に至り、その明和之比之御備にたちもどるべき事にはしらべたり。これらはその職任を得し人をあげ給ひたる故にして、わが勞などいふにはなし。しかれども未年(寛政十一)の冬比は御勝手向舊へふくすべしと言上しけるが、そのことにたがはざりしぞ、かへすがへすも天幸とはいふべき也。尤その十六ケ年目といふは大概にて、十年もたちたらば御復古には至るべし。くはしく書たらば大事也。よてそのあらましをしるす也。このしらべ出來て同列へも見し、存意なきうへにていよいよとの通りに行ひ侍るべしやと伺たるが、よくこそかくは奏功せしとて、御賞譽下し給ひしかば、その旨その職役のものへも申聞ぬ。

御節用とはいへど、尋常の事にては中々かうやうにはなりがたし。只御節用といふは御賞罰と、その人を得給ふと、事の簡易になると之三つ也。この處をもて、今はまづ十にして五つほどは御節用のしるしも出來ぬ。これによつては上野・增上寺などの御入用次第にましたるを、その利害いひ聞て、これまた古よりはことに御入用減じぬ。あるいは後宮など之御入用午未（天明六・七）のころはことに盛なりけり。今にては三つにして二つも減じたり。その外之御役々は、多き減といふにはあらざれども、おそろしき不正之事なきやうにとてはからひぬ。只おもふ、かろき御役々は落穂ひろふて妻子をやしなふはよし。されども妻子をよくやしなひ玉食せんはあしゝ。しかるに近年の風不レ正していづれの役々もみな不正をたねとしてくらしつるを、俄にとゞめたらんには立どころにたほれぬべきさまなり。また捨置きたらんには、不正之人はさかえ、正しき人はまづしくして、御奉公をもなしかぬるてふは、猶さらなげかしき事なり。ゆへに役所金として、何の御役にはいかほどとその定をなし、その役の精勤なるもの、または正しくして貧しきもの、又は不時の吉凶に用度多くてくるしむもの等へは、拝借又は被レ下金などにその頭々とりはからひて、そのつど／＼に屆なば、正不正もわかれ、かろきものもまたその餘澤を蒙むるべしといひ合ひてその事を言上せしかば、ことに　上旨にかなひ、早く可二取用一と之事にて、子年（寛政四）の春より、その沙汰に及びし也。

まへにかい付るごとく、亥年（寛政三）の夏御勝手御復古のしらべ出來たるに、秋よりして大風雨高波なんどにて、午年（天明六）關東の洪水にもおとるまじきさまにて、急扶持、或は急水留、又は種籾代、又は假屋料、農具代なんどとて、救民の義あつく被二仰付一、そのうへ江戸洲崎又は行德之邊高波にて人の死たるも多ければとて、回向院をしてかな《加奈》川・行德・洲崎などをありきて回向之施餓鬼すべしと被二仰出一。又は御旗本の面々半毛已上の損毛の分へは、午年に拝借之分返納をゆるされける類皆仰をうけてとりはからひし也。しかるにこの洪水にて、堤川除なんど之修理大かたならぬ御入用にて、已に午年には大身の諸侯多く御手傳被二仰付一し也。ことしの損所も午年にはおとらず。いかんともせんすべなし。（本多彈正少弼）忠籌朝臣もわれと共に御勝手の御用をはからひしが、せんかたなし、御手傳にも被二仰付一なんとの給ひし也。予のいふには、御節度御儉約はかゝる非常の御用之爲なり。その御入用皆公義より被二仰付一なん。これ天下へ之御示しにて、かつてその十六年して御復古に至る御しらべ之故障になるべき事にてはなき也といひ初めしに、（久通・勘定奉行）柳生主膳正はいと尤と同じぬ。これによつて猶忠籌朝臣とも談じたるに、御故障にさへならずば御入用になすのよろしきが上はあらじとの給ふ。もとより　上旨もその由かねて臣に被二仰出一たれば、その旨をもて伺ひしかば一段にこそと被二仰出一ぬ。★是まで年々御手傳普請ありたる故、こたびの大御用被二仰付一候ては猶更諸侯もつかるべきによつて也　されども御入用に成りたればとて、川々之普請を略して、御入用を減じなんど心得べからず、かへつて深き思召も淺くなり侍りぬ。力を盡して厚く御修理を加へても、また來歲非常の洪水ありておし流さんは少しもくるしからず、只御入用を可レ減とてうすき修理くはふまじきと、くれ〴〵もその職々へい

★（原本頭註）
その比被仰出し書付こゝへ小書にすべし。

ひ侍りたり。此川之事は忠籌朝臣うけ給はらる。よってなをこのわけを忠籌朝臣へもくはしくいふ。　かうやうに御倹約てふものは非常の御用度給すべきをしらしめたるは、このうへ御倹約のたち行（く）爲にして、いまいづる御財用倍蓰して御備となるべし。かつ御倹約てふ中にも御武備は缺くべからずとて、酉年(寛政元)よりしておほくの御武器(寛政三)これまで多く破損したり。を三ケ年に修理をくはへ、又は御關船なんども久々破れてありしを、亥年に御修理をはからひたり。これまたその本旨を示さるべき爲にもありなん。すでに亥年之洪水にて御收納減じたれども、米などはくり合せあらかじめはかりをきければ、聊子年も平年とかわり侍る事なく、糶米の御術も心よく出來侍る也。★

禁裡御入用年を經て倍增せしなり。すでに享保之比も已前よりは御入用增たれば、山科にて一萬石はむかしより之御料也。その後東福門院入内之せつ(元和六)一萬石を被ㇾ增ければ享保之比までは二萬石之御料なり。　新たに一萬石を被ㇾ增、そのうへ之御入用をば、御取かへ銀といふを被ㇾ定けり。それよりも安永之比にか有けん。御用度增たれば御定高てふを被ㇾ定けり。ちかき比は猶まし行て享保元文之比はさら也、安永之比之御入用にも猶ましにましたれどせんかたもなきさまなり。さてしもあるべき事ならねば所司代太田資愛朝臣也。へもくまぐいひやり、關白殿(鷹司輔平)へも御用度可ㇾ被ㇾ節事等いひ上しによりて、享保・元文の御入用を被ㇾ糺しに今には倍增したりけり。

これによつて御節用の事被㆓仰出㆒被㆓取用㆒しにぞ、すでに戌年亥年(寛政二・三)などより減じてちかき比之半も減じたり。これによつて今まで御取かへ銀之名のみにて、年々御料高のほか之御入用、すでに禁裏も五十餘萬兩に及べり。依㆑之これまでの分は御返に不㆑及とて被㆑進に成り、此のち臨時あらんとも、御定高のうちにてとり行ふべき旨、上旨を伺て亥年(寛政三)被㆓仰出㆒それ〴〵御ほうびなど下し給ひし也。今にては、ちかき比まで一向にたらざりし御定高、なほ餘るほどなり。其餘るところは御附のものの預りにして、そのうちより御入用にあづかる人々へ御ほうびなど下し、その餘は臨時の御入用に除をく料にぞ備はる。これによつて京地の御取締もたち行し也。

長崎之地ことに亂れて、已にちかきころ(天明五・一〇・四)戸田某(出雲守氏孟)といふ奉行は彼地にて卽死したるほどなりき。會所銀鉅萬ありしも一度紅毛船入用ざりしかば、これまたつかひ果て、いまは會所に借財あるほどに成り、大坂に御圍銅ありたるも殘少に成り、諸山之銅、年を逐て減少し、(天明八)今は中々唐蠻へわたすべき手當もなく、たゞ今日をおくるてふ計になりたり。中年の比も銅なければ、かの京地の燒銅を集めて棹銅といふに吹

★(原本頭註)
明和の初ころにか有けん、竹橋の御多門雷火にてやけて、御鐵炮多くやけしも、いまに御修ふくだにくはへなかりければ、子年評義を加へて御修復をとりはからひし也。

かへて蠻船へ渡す。實に岌々として危かりき。さてしもをくべからざれば、拔荷之禁を專とすべし會所之漸々におとろへたるは、御政事次第にゆるみて、拔荷年を追て增長せしかば、長崎より入來らぬものも、世上に多くうりひさぐにぞ、長崎の入札望む人少なく成りたれば、金高減じたる也けり。とて、大坂にてその吟味ありければ、俄に長崎之品々多くうれたり。そのうへ寛保之比(三・二三)、半減商賣といふことを被二仰出一しが、たゞ被二仰出一しのみにて奉行之もの御意をあつく辨へ侍らざるうへ、御代もかわりたりければ、名のみにて半は減じたるにあらざりけり。しかれば新たなる制度たつるにも及ばず、寛保之御趣意さへ被レ行たらば長崎之地は永續之もとを開くべしと奉行らと列談し、例之如く同列いくたびか談じ、紅毛二艘の處一艘、唐船は藥物など持來りてたすけにも成り侍れば、十三艘之處一二艘可レ減、ことに無用之玩器もち來りて、有用之銅にかへ侍る事、長久の策にあらざれば、書籍又は藥物を專として錦繡玩器之類もち來るを不レ可レ貴など可レ約と評決し、猶紅毛にて、もし入來する事あらばいかゞあらん、いよいよ半減商賣被二仰出一可レ然哉と、そのあづかる職々を同列列坐にて尋候しに、いづれも、「半減こそ永久の爲なるべし、もし紅毛不レ來ば猶更永續之爲にて侍るべし、そのときは一統の受用を減じ、地役人を減じなば、紅毛來らずとも猶患あるべからず」といひ決しぬ。しからばとてその旨言上せしかば、尤と被二仰出一、つゐにその義とり行はれける。しかるに今にては會所之銀も多くなりて、亥年(寛政三)紅毛入來らざれども敢てうれふることもなし。只このうへは長崎之地へ生業を教、紡織し又はすへもの《陶物》つくり、又は紙をすきなんどして生活をとげて、唐蠻之商之利潤を餘計の事とさへ思ふやうに成り行なば、主客之勢忽變じて唐蠻よりはねがひても入來るべし。もし此うへ紅毛船入來らずば、通辭を初として紅毛によれる職々之ものをば、或は江戸大坂等へめし下して外之職任をあたへ、長崎の地下人困窮に及ばば、わづか四五萬之人なればその困窮之ものへは手當を被レ下て生計をいとなませ、他國より入來るものは手當して他國へかへし、長崎海濱へ新田をとり立、生計得がたきものはその地へつかしめば何之うれいもなきなり。もしまた唐船不二入來一ば、寛文已前の例によりて唐かたへわたりて藥物かひもとめてひさぐべし。もと渡唐寛文に被レ禁候は日本之人多く唐土へ來りて、或は妻子をもち、いくとせも唐土に住居するなんど、みだりなる事ありしかば被レ禁しにて、唐土は萬國之人の至る所にて、彼方より禁せしにはあらず。寛文之禁忽ちに弛られんもいかゞながら、人命に預る處の藥物盡なば、これ又至仁之思召に背くべし。しかれば天下の人の爲にその禁をゆるし渡唐して有無をかへんには何之論もなかるべしと建言せしかば、いづれも尤と同じていま永井筑前守(直廉・長崎奉行)も專ら土地へ産業を教へしが、ことにその教諭にしたがひかたぶきて産業の道ひらけ、唐蠻のものもこれに感じて生業になるべき術をば申出たき旨など願ひ出たり。已に此ころかぴたんより、丁子油、又はアヘンの製しかた、又は米つき油絞る法などおしへたりとて筑州(永井直廉)よりいひこしたり。かうやうになりたるもその人を得らせ給ひたるなりけり。水野若州(若狹守忠通・長崎奉行)人となり剛直なりけれど、その臣之姦曲を聊も不レ察によりて、賄賂行はれ、若州之視聽をもおほへりければ、土地にてもいみ果たり。おしむべき人にてはありけらし。世の人紅毛などの船を減じ候をいかゞなるなどいふは、まことに論ずるにもたらず、いま一艘になりたれども、一艘へわたすべきほど之銅もたらず。かくて數年を經ても半限商賣施行なくば、いかゞ成り行侍らんか。おそるべきほどなりけり。

いにしへ之御制度をみるべし。ことしは作かた不レ宜に付、そばうんどんの類をつくるべからず、又は酒造をやむべし、又は一兩に付鳥目四貫文に通用すべしなんど、こま〴〵御沙汰の御ふれもありけり。右らの事たへにたへければ、いまは金穀之柄は商家に歸していかんともすべからず。すでに寶曆明和之比までは金相場たかくして七十目之餘にもしたりしを、河合越前守（川井久敬・御勘定吟味役）てふ人出て南鐐銀をふけり。八片にして一兩に換るものなれば金を增すの道理也。げに丁銀を多く吹つぶして南鐐とせしにぞ金は增、銀は減じぬ。これによつ（て）金相場おい／＼に下落せしを、六十目餘に至らば吹止むべきを、金穀之事に心づきし人もなくて、未年（天明七）まで年々に吹しかば、つゐに金相場下りもて行て五十四匁三匁まで引下ぬ。しかるに關東にて一兩を六十目と定らるれば一兩之品を以て關西へ行ば五十三四匁にたらず。さすれば諸色のあたへに〔さ〕しても、かゝる旅中費用賣德の外に此たし銀をわりかくるにぞ、いよいよ物價は騰貴せし也。予職になりてたゞちにこれを論ぜしに、この南鐐てふものはもと姦物にて、八片一兩にかふべき正物にてあらざれば、只南鐐を以て丁銀にせんには二割之費をうく。いかゞはせんと人々いふにぞ、まづ南鐐を吹やめて山吹銀もて年々丁銀をふきたすべしといひやひて、その通に取行ひ、京都之御入用につかふべきも、その南鐐銀十萬兩分をふきて、丁銀にしてつかはれたり。丁銀おれわれさび、燒なんどいふも通用せざりしを、これ又通用すべき旨ふれ達し、並に南鐐をいやしみ候へば金をいやしむにあたり侍れ。そのうへ今人情にあふて好んで用ゆれば、今はた止むべきにもあらざれば、永代通用と被二仰出一可レ然、そのうへ目先きに多くあればおのづから人いやしむ習也。すでに七八ヶ年已前までは、予が在所などには南鐐いまだ通用なかりしが、今にては専と用ゆ也。南鐐いまだ西國へは通用せざれば、是また施行はゞ、必らず勢をうべき也とて、これまた南鐐を西國へかし付之義取計ひし。そのうへ一兩にしてすでに五六匁ほどづつ關西にて利を得る道理なれば關西次第にとむ也。★

爲替といふて、年々大坂より御金を下さるゝを、定例之はをきて定例のを止たらんには爲替組またその職にはなるゝ、也。臨時とり下さるゝ分を正金にして下すべし此正金にて下す事、是迄絶てなければいかゞはせんと評義せしに、御城代より宿次にておくりたらば、宰領附人にも不レ及来るべしと評決し、伺之上尤取行ひしに、是迄何ケ度さし下すといへども、聊の滞りもなきは御威光難レ有事にて侍る也。と一決し、或は拾萬又は廿萬ほどづつ、正金にて下しければ、おのづから關西の金關東へ年を追て下るべしとも思ひけん。そのうへ大坂にある丁銀を以て、金貳朱判度々御かい上なども有ける故に哉、おいおいに引上げてすでに亥之年（寛政三）には六十目にも至り、今にてはまた少し引下げたれども五十七八匁にて進退す。このうへ年をつもらばほどよき位にも成りなまし。

また鳥目もすでに已前は四貫文之通用にて侍るが、おひ〳〵に引上げて三貫文にも至りしかば、鐚銭といふてあしきかねを以て銭を鑄させられたれば、圓はんとすれば忽ちにくだけしまゝ、ちかき比はひた下りに下りて六貫にちかくは成りし也。これによつて一銭二銭にせし品も、六七銭にもなせば、これ又諸物高貴に成り行たるうへ、鳥目やすければかろきものいよいよつかひかたあらく成もて行ものにして、寶貨之いやしきは風俗にかゝるものぞかし。すでにいにしへはきせるのがん首てふものを打つぶして、一銭之代として百銭之内へ交へたり。これその一銭をも貴びし證成りけり。いま一二銭はかろきものにても土芥の如く思ふ也。これによて鑄銭並に眞鍮銭を鑄ることを被禁しが、今に引上ざりしを長谷川平藏てふもの銭をかひ上たり。世もてこの平藏功利に走るをにくむが故、銭高く成りたれども諸物いま以て貴し、銭いやしきのまされるをといひのゝしりけり。かの功利にわしれば、町々

★（原本頭註）
この後關東のごとく西のかたも六十目通用となりなば、彌西のかた盛に成べきなり。この比もその評義侍れども止て行はず。

をはせめぐりて六貫にせしときの、直にいま五貫少し餘なればその積りを以て引下げて、其諸物をうりひさげとのゝしりければ、一旦は引下しが、つゐにまた品を粗悪にしてさせる益も見えざりけり。この事は今しばらく見合せてをきなば、商人の心より相應に引下べかりしを、早くその功を奏せんと思ふが故に、ふみたがへたるなり。予これを制せらるは予が過ちとやいひてまし。されどもそれよりして錢は少少高く成りたる也。錢高きは風俗を質實になすもと也。よくこの意味を考ふべし。黄金いにしへはたかからざりしが、ちかき比は是も騰貴して、一枚にて廿三兩にまでなせり。是またその位を失ひたればいかゞなりとて、さま〴〵評論まち〴〵になりて或はふきたしなん、又は一年ごとに書判をかき改さすべしなんどとさま〴〵いひ合ひけり。予のおもふには惣て御ほうびに被ㇾ下品は敢て多少を論ずべからず、御暇などいふて遠國へ行（く）人に被ㇾ下品は御手當にて御ほうびにはあらざれば減ぜらるべからず。されば黄金貴くして融通不ㇾ宜ば、遠國へ被ㇾ下品は黄金之處小判にて被ㇾ下べしとふれなば、御かひ上なきをしりてかならず引下ぐべしと建議せり。それよりしてその旨被二仰出一しかば、翌日より引下げて一枚にて十七八兩にして今もその料也。上にて被ㇾ下は一枚之處を廿兩にて被ㇾ下也。これによて誰いかゞといふものもなかりし也。さて又米價のことをいはんに前にいふごとく未年には一兩に貳斗にかへたりけり。それより人々高きに馴れてければ、一石になりければ甚ひきしとてなげくなり。また六七斗になればまた二斗に成りしことを人々おそれて、おの〳〵飯料を爭ひてかひをかんとするにぞ、米商はいよいようりかねて、さま〴〵浮言して惑はするが故に、いよいよ高く成りもて行(く)勢とは成りにけり。すでに一石餘にせし米なりしが、(寛政三)亥年八月末より九月初め洪水大風雨ありければ、にはかにひしめき合ひて高くせしかば、百俵に八十兩にまでなしけり。又いまやかろきものども騷なんどいふきざしありけるが故に、その際限を以て五十何兩くらいに高下すべしと、くはしく町々へ敎諭し、糶米多(く)いたし、又はつき米あきなふ所へ拂米被下などし、又は十月の御切米をこのせつ五分の一を下し給ひしかば、人情次第に安く成りたり。このときにも、諸國一統滿水にて、日本半國も立毛はあるまじきなど、物しれるものどももいひのゝしりけれども、予計りはおどろかで、(天明六)午歳之は氣候の不順なる故、一統ともいふべし。風雨洪水さしたる事には侍らず。ことに午年は(天明三)卯年よりつゞきて之不作なれば世界の農米すでに乏し。いまはしからず。かならず五十何兩前後といひ出して捨をきなば、入米もありてつゞくべし。江戸米のきれなんところへは至らじといふにも、猶人々あはてふためきて「江戸の米屋にも米はなし」といふ。「大坂も大風雨にて高波あち(安治)川之橋をおとしたりといふなり」とひしめけども、大坂有米はことにことしはおほし、そのうへ時節もいまの大風雨はまたさして恐るゝにもたらず、極めて入津あるべし、江戸米屋にて米はなくとも近在にも有るべしと、猶事を正し理をわけていひしが、果してその風雨も關西はさしたる事にてもなく、次第に入津米多なりたり。八月末ところにその高直を捨をけば江戸へ入津米多なりて有米多故人氣安かるべきを、そのせつ直段の義せわありし故、有米少なきと九月之末ころは人々いひけれども、させるものにてはなし。初めに直段を押へし故、おさへしものはあがるべき勢あり。故に初冬諸家收納米拂ふころまでも、直段よくして士農のうるほひとは成りたり。士農うるほへば工商もまたうるほふ也。直段大坂と引あはざる故、江戸へ入津は少し、少なき故に江戸の米にはかに引下ざりし也。もし九月初め比、俄に入米あらば極めて收納米拂はん比は引下なん。引下ても一體日本ことし之作は五分六七厘にも當りぬれば春に成り高く成りぬべし。さすれば安き米を秋のうち高くうり、多になりて安き米をかひ入、春高くうらんは士農工商之損にして、米あきなふものの徳を得んこと也と、さまぐ\に辯じたるにぞ、人々もよくふくして、つゐに予がいふごとくには成りぬ。日本の作割豐作とても十分九分といふはなき也。八分を上作とし、七分中作とすれば、五分何りんといふはさして饑饉などいふ類にはあらず。奥羽ことに作がら善ければかくはいひて安堵せし也。又十月の張紙などもあつく評義して出せしが、このたびの張紙より一兩も高くば一統の直段上べし。一兩も下りたらば猶春安かるべし。的當《ママ》の張紙故に米價高下なかりしと、その道にくわしきものはいひしと也。また酒造てふものはことに近世多くなりたり。元祿のつくり高をいまにては株高といふ。そのまへ三分一などには減けるが米下直なりければ、その株高の內は勝手につくるべしと被二仰出一しを、株は名目にて、たゞいかほどもつくるべきことゝ思ひたがへしよりして、いまはつくり高と株とは二ツに分れて、十石之株より百石つくるもあり、萬石もつくるもあり。これによつて酉年のころより諸國の酒造をたゞしたるに、元祿のつくり高よりも今の三分一のつくり高は一倍之餘も多き也。西國邊より江戸へ入る《り》來る酒いかほどともしれず。これが爲に金銀東より西へうつるもいかほどといふ事をしらず、これによつて或は浦賀中川にて酒樽を改めなんといふ御制度は出しなり。これ又東西之勢を位よくせん之術にして、たゞ米の潰れなんとていとふのみにはあらず侍る也。關東にて酒をつくり出すべき旨被二仰出一候も、是また關西之酒を改めなば酒價騰貴せんが爲なりけり。ことに酒てふものは高ければのむことも少なく、安ければのむこと多し。日用之品之物價之平かなるをねがふ類とはひとしか(ら)ざれば、多く入來れば多くつゐへ、少なければ少なし。

いにしへより治世の第一とするは花奢をしりぞけ、末をおさへ本をすゝむることにぞあんなれ。しかるに寶永正德のころより花奢になりもて行とはいへども、前にもいふごとく寶曆明和之比之廿年は世風くづるゝ事早く、前の廿年はくづるゝ事おそかりけり。すでにいまにも七十やそぢの老婆は、いづれも銀のかんざしたいまい《瑇瑁》のくしなどさしたるは一人もなし。黑きたいまいにまきへ《ゑ》したる、またはくし《櫛》もぞ《象》うげ《牙》をし、かうがい《笄》なども竹などをさしたるといふ。今の世にては見しものもなく、銀などさす人も稀にて、符《斑》のなきたいまいのくしかうがいなどす《さ》すなり。うらやなんどにすむものも★ありしとぞ。衣服などいふも、廿年前無かりし品々おり出すなり。京ちゞみなんどいふは、ちかき比出しを、老中重役の面々きたりしかば、越後にておりいだすちゞみは、營中へは、きても出がたきほど成りけり。その外女の衣服など、畫にかくとも及びがたき縫などして出すなり。すでに今はいかなるいなかの山中にも、さとう入りし餅なんどはあり。これら之事枚擧すべからず。しかるに奉公人などいふも、代判突・蔭判突なんどいふ取締いかが(は)しきもの出來て、かけおちしたるものなど引集めて、奉公人に出すによりて、或はとり逃などし、又はよからぬ事どもし出し、奉公人の給金は次第に高く成り、人はあしく成りもて行たるぞなげかしけれ。すでに町かた人別の改てふものも、只名のみに成りければ、いかなるものにても町にすみがたきものはなく、出家之定もなければ、實に放蕩無頼の徒すみよき世界とは成りたりけり。さるによりて在かた人別多く減じて、いま關東のちかき村々、荒地多く出來たり。やうやう村には名

★(原本頭註)
*山下幸内といふもの、享保之御政事をぜひ(是非)してそのころ上書せしものいまも傳ふるによて、その上書へ同列おの／＼御政事の見込之處かいて談ぜしもの一書殘しなきぬ。尤逐て上覧に備へ、御用へやへは和泉殿(松平和泉守乘完・老中)うつされておさめしなり。

主ひとりのこり、その外はみな江戸へ出ぬといふがごとく、末にのみわしりけり。これによてその制度なければつゐやすものかく多く、生ずるものかく少なければ、いかにして生財の道をひらき、いかにして物價を平かにし、いかにして治世の御術をなし給はんや。天明午(六)のとし、諸國人別改られしにまへ之子(安永九)之としよりは諸國にて百四十萬人減じぬ。この減じたる人みな死うせしにはあらず、只帳外となり、又は出家山伏となり、又は無宿となり、又は江戸へ出て人別にもいらずさまよひありく徒とは成りにける。七年之間に百四十萬人の減じたるは、紀綱くづれしがかく計り之わざわひと成り侍るてふ事は、何ともおそろしともいふもおろかなり。これによて末をおさへ侍るは只花奢を禁ずるにあり。末をおさへん爲に花奢を禁ずるといふにはあらず。未(天明七)のころより年々御沙汰ありしかば、人々節用の道を心がけしにぞ、無益のものかい求む人も少なく成りもて行がうへに、諸家の留守居より《寄》合ひてふ事を禁じ、及びわが輩にて音物うくる事なかりしかば、これにて無用のあきなひうれずして、或は店を閉、又は外之職にかへなんどして、無用のあきなひするものはやや減じたるがうへ、あきなひなしとてなげき侍る巷説かまびすし。諸家留守居てふものは、一統の留守居を類役とし、黨與してその主人の掟を背き、公然として戯場遊里へ行にぞ、その主人これを咎むれば、一統の黨與承知せずしてかさね、跡役など出來ぬれば、その跡役のつとめがたきやうにはかる也。もし又老中などより、その風俗などをやぶるとていたく糺し侍れば、その老中退役ののち、留守居出來なんときに意趣をむくひ侍らんとたくむ。これによて、日々茶やなんどへ集會して、或は引物とてさかな出すべきときに端物又は器物などを引、又はともなひて遊里へ遊ぶなんど日につひやす處いくばくぞや。これによて今までも寄合にも事かろくすべしなど御沙汰ありしかど、露きかざりけり。これによつて、留守居より合已來無用にすべしと嚴しく被仰出しかば、今はたえてやみぬ。又老中へ之贈物てふも、さかななんどは日々のやうにもち行ぬ。老中の家臣公用のかた勤むるところにても、さかなは來り次第、土のうへへ投げ出し、求むる人あればあたへ侍るほど之ありさまなり。これらみな止しかば、商らすしといふもうべなりけり。

惣てちかきものはしたしく、遠きものはうとく、目にみしことはしたしく、耳に聞しことはうとき習ひなれば、江戸の衰へ侍るは、諸國のゆたかに成り侍るもとにして、つゐには御府内町々のその餘澤をうるのもとい也。すでに近來花奢行はれければ、みな金をかり、又はおしとりなんどして無益のおごりをなし、又は賄賂苞苴になせし也。さればつゐには窮し侍るは秦皇の四百餘州を引うけても、奢に奢れば天下窮するぞかし。さればつゐにははかひもとめしもののあたいをあたへず、かりしものをかへさずし侍りしにぞ、士もみな衰へ行けり。村々にてもむかしなききからかさなどさし、又は油などつけ、かみをゆひ侍るてふ、これ又奢に長じ、博奕など公行したりければ、力田の輩少なくなりて、彌生ずるもの少なく、つゐには田里を出て江戸へ行侍るにぞ、江戸之人次第に増し村々衰にけり。士農おとろへ行しかば、工商何をもてくらし侍らんや。されば今節用を專とし、歸農勸本の術を第一になして、浮花を退けらるゝは、工商その賜をうくるゆへん《所以》なり。しかるにそのところをもしらずして、かく衰へ行てあきなひなくば、行末いかゞあらんなど、物しるものもいふ也。只四海はしらで、御府内今日の樣子をみて、天下の御政を議するとやいわん。もとより不義を以て富、又は浮雲のごとき商の利を得しもの歎かずしては、いつか御政事の大本をゑらるべし哉。さるに御府内のものども、商無しといへばとて花奢をゆるされ、又は賄賂を禁ぜず侍るてふ事は、いふにや及ぶとて、同列なんどとはいひ合ひ侍る也。只村々にても、江戸へ出てはくらしがたきといふ。さればわが村里をにげ出なば、いづかたへか行べきと思ふ心になり、江戸に居侍るものも地につきたるものは安き(原本改冊連絡不明)されば歸農すべしと思ふほどに有たき也。これによて、女の衣服之直段を定められ、又は玩物に金銀の箔用ゆまじきなど被二仰出一。これらは寛文・享保の比より時々被二仰出一し也。そのふるき事はしらで、今始めてかくは被二仰出一しやうに心得てかまびすしくいふもわらふべし。又は寺社門前町の年期明たらば引拂ふべしなんど、町々のつゐにはせばみなんどの御深慮にて被二仰出一。或は歸農之志あるものは願出べし。御手當被レ下歸農可レ被二仰付一なども度々ふれられたり。これらは國體第一の事にて、議論多き事なれば、たとひ巷説ありとも動くまじといふ事。まづこれら之事可レ被ニ仰出一前には同列たがひにいひやひ、書取り候て、おの〳〵思ひ〳〵に了簡をかき、覆藏なきほどに評論を盡して決し侍れば、たとひいかなる巷説ありとも御心を動し給ふ事なし。惣て御政事とり計ふにその時勢〳〵を察して、まづ此せつは不治の治をなして、しげ〳〵何事も被ニ仰出一なきにしかず。又はかゝる事はかうやうに已來心得べき哉など、おの〳〵存意を明していひ合て定をくにぞ、御政事のまち〳〵にならざる爲にかくはせしなり。すでに尾侯（尾張中納言宗睦）水侯（水戸中納言治保）が仰にも、（亥年也）（寛政三年）御政事の御様子此まゝにてゆるみなく御取締候様被レ願候。たとひ浮說巷評候とも、右に目をかけられざるかた可レ然と之趣くれ〳〵め被レ仰候き。＊右之如く、とき〳〵その勢ひによりてはうちかへし、目あて之處談じをき、或は物價論などいふ如く、一々冊子にして御用部や《屋》たんすへ納めをけり。未の冬（天明七年）よりして十月より春三月まで町々之木戸を締て往來を改めしにぞ、未の冬よりいまに至るまで延火に及びし事は稀成りける。そのうへ災あれば町々之火消みなその處へ集るなり。いまは風下の町の火消はみな延火を防ぐによて、風烈のときにもかくべつ之大火はなきなり。すでに未年已前は一夜に十度ほどづゝ出火せり。いまは一月に十度と出火する事もなし。かつ寄場てふ事出來たり。享保之比よりしてこの無宿てふもの、さま〴〵の悪業をなすが故に、その無宿を一園に入れ置侍らばしかるべしなんど建議もありけれど果さず。その後養育所てふもの、安永の比にかありけん、出で來にけれどこれも果さず。こゝによつて志ある人に尋ねしに、盗賊改をつとめし長谷川何がし(宣雄・火付盗賊改)こゝろみんといふ。つく《佃》だ島にとなりてしまあり。これに補理して無宿を置、或は縄ない、又は米などつきてその産をなし、尤公用とし米金一ヶ年にいかほどと定めて給せらる。これによて今は無宿てふもの至て稀也。已前は町々の橋ある處へは、その橋の左右につらなりて居しが、今はなし。こゝによて盗賊なども減じぬ。この寄場の事をいはんに、これまで狩込とて時々無宿をかりとりて、溜なんどへ打入れてをきしに、すでにわがこの職を蒙りし比尋ねしに千何百人とありしが、そのうち千人ほどはみな疾みて死せりといふ。一年に千人もその溜にて死なんは不便の事なり。ことに溜には御入用も多く入侍れども行とゞきがたし。寄場てふ所の溜の御入用に似るべくもなく少なけれど、もろ〳〵の産をなして生活し、或は町々へ店を出し、又は在かたへ歸すてふも多く、つねに二百人計りなり。もと無宿なれば何にかなりなんとはいへど、すでにいまにては子の放蕩なるものこらしめに勘當せんとは思へども、たちどにも迷ひなんとて、町人よりねがひてこの寄場へをくものも有る也。いまに店をもち、妻子などもちて、身持をかへし候ものいくばくともいふ計りなし。これによて御入用は減じ、無宿はをのづから少しく減ぜぬ。いづれ長谷川の功なりけるが、この人功利をむさぼるが故に、山師などいふ姦なる事もあるよしにて、人々あしくぞいふ。これまたしれれど、左計の人にあらざればこの創業はなしがたしと同列とも議して、まづこゝろみしなり。いまは御目付より立合を被二仰付一永續之主法評義せしむ。また食事たらず衣うすきなどいふてからきことにいふ人もあれど、小人は無術に金穀にても給はるを御仁政ぞとおぼゆ。寄場にてはからき目をするにぞ、その人もおそれ、傍の人もおそれて、いま無宿に成りたらば、寄場へ入らるべしとて恐るゝこそ限なき御仁政なるべし。宿ありしもの家を出て無宿てふものになる人を、飽食煖衣の御手當あるべきやらはなき也。されども産をおぼへなんどするものは、その利徳を以て今もあたゝかに着、あくまでくらふなり。寄場にては無宿のものどもさま〴〵の事おぼえしもの多くて産業よく出來ぬ。是迄晝稼など之盜賊とらへ候へば、入墨入、また追放しやる也。またかしこにてとらへ候へば、白狀に不ㇾ及ば、またはなしやる也。一人の盜賊町奉行が役のかたへ、何ケ度とらへらるるも難ㇾ計故にこるる事もなし。入墨三度に及べば死刑に處せらるるなんどはいへども、いまは左計(り)白狀に及ぶことなく、只徘徊すとのみいひて、實はその惡業はやむることなし。これらの類みな入墨のうへ拂ひ出すべきを直にこの寄場へ入る也。ゆへに本心になりて、手業なんど覺え侍らねば、いつまでも寄場を出る事なし。その晝稼てふもの、或は火をつけ又は忍び入などするなり。このものかくのごとく成りしかばおのづから盜賊も減じ行ぬ。

いま人々うちよりては、「商うすし、いかゞはせん。この末はいかゞなるべし」といふなり。しからばその困窮いかゞあらんと尋ぬるに、只巷說をきゝて奉るが故にその情はゑず。さらば試にとて、未年(天明七)よりまへの町々の斃死、縊死、又は狩込の數なんどをたづね、未年後のを尋ねて、合せ見るに三分にしてその二を減ず。ことに火災もなく、質屋などへいかゞなるもの多く質にをく哉とくはしく尋ぬるに、いまは博奕止たれば質にをくもの未年まへよりはことに減じぬといふ。これら捨子の數などかきしるし候ものあり。納めをく。さらば江戸の人減たる哉と人別をみしに、未年のころよりは人別三四萬も增ぬ。ことに奉公人稀なり。歸農の願するものも至てまれなり。されば今以て町に居てあきなひするは、奉公し又は農作するよりはやすかりけり。このうへにも猶衰へしと見えしほどになければ、本末の御趣意たたざるなり。博奕は代々之御制禁たるがうちにも、未年のころよりかくべつに禁られしかばいまいづかたにも見えしところに博奕うち侍るものはなし。尤この博奕止むてふ期はあるまじけれど、十にして七つ八つは止たり。いまにてはこの御嚴制のありがたきをしりたり。この冬などは始て町うらなどに住ものまでも、わた入りし衣みなきたり。(寛政三)博奕御制禁ゆへなりといふ。尤そのうち鰥寡孤獨の無告のものまで、皆わた入りし衣着しやにはあらざらんが、博奕ありし比とひすればかくはありとなん。しかるに亥の夏の比、盗妖てふ事あり。こゝにも盗入たりといへば、かしこにも入たり。きのふは何ヶ所へ盗入たりといふ。それより町々にても犬聲など聞ては、そよ盗きたりけりとて、鐘などうちならすにぞ、その鐘の聲をききて又うちさはぎつゝ一夜いねず。かゝる事半月計にも有けん。巷說喧々として人情もさらに安からざりしは希有の事なり。これによりて御先手之ものへ被二仰付一捕盗せしにぞ、つゐにはそのさたも止けり。とらへし盗とてもことにすぐれたるはなかりしが、そのうちに大松五郎といふを長谷川何がしとらへぬ。このもの一人して一夜に二三ヶ所ほどづゝ入て盗ぬ。一二ヶ月の間に五十何ヶ所と入りて、或は人をころし、又はおびやかしてとりゐし也。重き刑にあへり。このもの一人にてありけれども、風聲鶴唳にも驚きしは、實に義氣のおとろへしなりければ、かくてはなげかしきとて、さまぐ\評論ありて義氣發すべき御手だては、とりはからひありし也。その比はすでに博奕禁ぜられしが故に、せんかたなく奕徒みな盗に化せりといひし人多かりけり。予は猶前議をとりて、奕徒を多くとれと下知すべき旨評義決して、おい〳〵にとりてければ、彌博奕はかたき禁となりしかどその後盗はなし。されば奕止みし故にてもなく、町かた困窮ゆへにてもなかりけりと後には人々いひ合ひぬ。

諸役人ことに繁文をことゝしかば、おい〳〵削省して簡易にせしむ。老中の月番にはことに手かず多くて侍りしが、おい〳〵に省きて今にては事少なし。入用も減じぬ。宿次にて諸國より書状來れば、むかしはみなうつして宅より同列(へ)まはしぬ。御用の漏洩するにもちかく、ことに繁多なればこれらも一切にやみぬ。その外これにるいして簡易には成りにけり。寺社奉行之御役などにては、一ケ年千兩餘も減じたりとはいふ也。加番・大坂御目付・國目付など之類みな〳〵御目付のうちへかゝり申渡候て、品よく事をはぶき費をはぶきぬ。御船手のものこれまで川船のみこぎて、海船修れんもなく侍りしかば、そのむね評論して、子年(寛政四)より、御船手同心十人づゝ浦賀のあたり、向井将監(正香・御船手奉行)が領所へ一年づゝ居て、海船のけいこし、かつお《鰹》つり又は晴雨などこゝろみならひ、又は廻船などにのりて修行することには成ぬ。また御醫師多けれども、高名なるものもなし。たゞその醫の名ありて實なし。いかほど之御醫師の祿ならんとてんけん《點検》するに、七萬石に餘れり。さるに一人にてもその醫をもて賞する（も）のなき、おしへかたの疎なるなり。それよりして建議し、醫業拙く身もちよろしからぬ徒はそれ〴〵に御咎あり。なを又家とく《督》被レ下ころ、その父そのものの業にしたがひて減祿して被レ下ける。これらめづらしき制度なりければ、その道の職々あつく評議し御定め之義かき記し、のち〳〵もその御定によりて減祿のほどを得侍るやうには成にけり。或は醫學館といふもあれど名のみ成けるが、御入用を下し給ひて、施藥して志ある御醫師は修行し、又は考試ありて優劣を論じたり。これにも會頭又はせわ役なんど立られて嚴重のさたには及ばれけり。これまで少給の御目見已上のものは、おほくの御足高被レ下て出進せんは拔群の人にあらざれば、頭々もいひあげず。されば白頭に至るまで、何の職つとむる事もなくおへしかば、かゝる輩皆心を屈して何を勵まんと思ひても、拔群にあらざれば進みがたく侍れば、出進の道も塞たるやうに心得侍るなり。その外上下格已上のものとても、おなじく出進の途ふさがりて、人材生育の道に缺ぬ。依レ之其身修行之爲、勤たくも思ふものは、其格はすへをきて、勤向計を修行として引下之場をも被二仰付一べき旨被二仰出一、並に御勘定之類は、すでに御徒與力なんどより、支配勘定てふに出、數年ならずして御目見已上にのぼれば、年を逐て少給の御目見已上ますます多く成り侍る也。これによて今より御取立にならんものは、三代には御目見已下へもどるべし。されど勤かた拔群なるか、又は御番かた之類へも進みたるものは、永々御目見已上と被㆓仰出㆒べき旨なんど被㆓仰出㆒。いづれも御新制の事にて事大造なるが、衆評一決のうへその御內定めも一々出來侍りて、かくは被㆓仰出㆒し也。部や《屋》住御番入てふことは久しく絶たりしを、寳永の比に一統めし出されけり。その後德廟(吉宗)之比より御目見已上より五六人も可㆑被㆓召出㆒と被㆓仰出㆒し也。それより流れ來て安永の比なんどは多くめし出しぬ。元文の比より大概十二三年目にはかならずめし出して、年數藝術によて出しもの多く、一度にめし出せしも七萬俵に何百口之御扶持出ぬ。また十年餘にして七萬俵ほどめし出さるれば、中々上り高を以てめし出されん料にも成り侍らず。御配當定りあるに、かゝること候てはいかゞなりと衆議決し侍りて、かさねてより五年目五年目に御ゑらびありて、亥(寛政三)年よりめし出されし人の上り高次第に、おい〳〵にめし出されんとの御しらべなり。これまでは多くめし出し侍りても、十何年目といふにて侍れば、その比藝術未熟にして御ゑらびの後、已達にいたりても十數年を經ざれば、またの御ゑらびもなく、その頭々もいかゞなるものと思ひても、かさねての御ゑらびには年も經ぬれば、そのうちには年もかさねていかゞあらんとて、少し隙あるものをも出し度姑息も生じぬれば、却て撰びもくはしからで、風教の爲にも成りがたき也。五年目といへば撰びもくはしくして風教の爲にも成るべしと也。★

まへにもいひ侍るごとく、未年（天明七）六月御役を蒙りたりける秋のころにかありけん、いまは、御艱難いふ計なければおして重任をになふ也。一とせもたち侍りて、重役の人々もそなはりたらば、閑職に投ぜられ度と、ひたすら重き御方々、ならびに重き御役の人へもいひ置たり。申年（天明八）京災いづれとも御大用の辨じかた定りかねし比はいわず。大概定りし比より、もはや辭職し侍り度とひたすらいひのべたり。いかがなる心にかあらんとたづねられしかば、書長々しく書付て尾侯（尾張中納言宗睦）・水侯（水戸中納言治保）へも奉り喬（一橋治濟）邸へも奉り同列の人々へもおくる。その趣は、御政事てふものは、御初政のほどこそ賄賂はやみぬれ、何は改りぬ、こゝは御惠ありたりと人々うへしものの食、かつへし人の水を得しごとく思ふなり。予が不德にても此ころ人の賞譽するは聖賢のやうにいふめり。★★来る酉年（寛政元）ごろよりしてはそのうへもいへ、そのかづも止たらばまた教誨もうるさく、御制禁もうとましく、事たらぬと思ふは凡の情なれば、とやかく人々いふべし。そのいわざらんまへに閑職へ被二仰付一たらば、御名器いつも御名器となるべし。そのいはれは正宗貞宗とても、正眞の品にはあらねど、代々いひ傳ふる御道具あらばかならず人々賞鑒すべし。その名刀を箱へおさめ置たらんには、その名刀ながく傳はりて、何ぞ御大事もあらばかの正宗を帯せられなばと人々もいふめり。さるその處、正宗を出し或は人をきり、又は庖丁のかはりにもし、のこぎりのかわりにもしなば、かならずその名刀やいばこぼるゝか、果してお道具の賞鑒滅ずべし。いま予大概一兩年を經なば、御名器にして箱へおさめたらんには、永く天下鎭護の器といふべし。事何ぞ出來たらばまた再び任職し給ふべし。永く用ひ給は

★（原本頭註）御目見已下の事もかくべし。

★★（原本頭註）此處へ＊爲長なんどきき及びしその比稱譽せしことかくべし。

ば、十年の餘も用ひ給はでは成功はなしがたし。そのうちに宛《ママ》として死しなばなを御大事あるべし。されば一二年にして辭職すべしと思ひける。くれぐれも免職(の)義天下の爲に希ふとて、(天明八)申秋ごろより酉戌のころまで何十度ともなくかい付て上けれども、「尤ながら〔は〕今十年はつとめ候へ」、又は「今からうやうにいわんは不忠たるべし、いかにもして勤むべし」と尾・水・喬公を初めとしていくたびか被二仰下一ける。その書付ども何數十通ともはかりがたきほどある也。予死すべき比燒捨んと封じをけり。(寛政二・四・十九附)戌の夏ごろにかありけん。かやうにいひ侍りてもなをはかりなければ、辭職之願書して同列へ出したり。そのとき御覽にも入、重き御かた〴〵も御相談ありしとぞ。其後いつまでもつとむべしとて不レ淺御ねもごろの被二仰出一有けり。此被二仰出一伊豆守(松平信明)傳レ之書付被レ見。その書付願書はすでに寶藏へおさめなきぬ。かゝるうへはせんかたなし。十年もつとめてその成功半にも至るころは、またおのづから天下の綱紀も立つべし。さらば勉力してつとむべき外はなしと決しぬ。その決したる事、いま予退たらんにはと思ふこともありければ、とゝにて過なば又はかりなき御不忠も出來やせんと霜臺侯(本多忠籌)もあつくいひ給ひ、尾水喬公などもいひ給ふによつて、まづつとめ侍る心とは成にけり。惣てかうやうおもき任をおひ侍りて、ひるとなく夜となく天下の事に心を配り侍れども、御寵任のあつさいわん計りなければ、勞も勞とはおもはずつとめぬ。或は褒詞又は御劍など給はり、又は御庭の草花など手折て給ふの類、かいのするもおそれ多きほど也けり。★この處へ系譜に有之拜領物又は上意又は御輔佐之事など之類、家格之事など被仰出したぐひまで、ここへくはしく小書にすべし。

（寛政三）亥の八月四日、御讀書ありて御前へ出しが、御けいこ事拜見に時々御前へ出侍ること也。そのうちにも御學問の義は、月々何ケ度も出、御學問終りて御心得にも成るべき事どもは言上し侍事也。さま〲御咄し之せつ御先代重役のつとめかた不宜。すでに西丸に被爲成候間も（家治）浚廟と之御親しみ薄く被爲在候類、又は御けいこ事とても、誰しゐて申上る者もなければ、おのづから御修行も不被爲居、只今御殘念に思召候也。越中守御先代相勤候はゞ、物事いまのごとく眞實に言上し、上下の情達候はゞ　御先代にもさぞ〲御安心にあらせられ、御せわもありつらむ、上にも御孝養被盡候事も御十分にとげさせられなばいか計りか御歡びにあるべしとて上意ありしを、（久周・側用人）加納遠江守も其席にゐて、毎度右之御沙汰度々あらせられ、已

★　原本この分書入。

前より越中守勤め候はゞ宜かるべしと、度々御沙汰に候と御取合せ也。予ありがたさ骨髄に徹して、まことに言上せむことばもなく落涙せしなり。その外いさゝかの事にてもかくし給はむが、越中は何と思ふぞ聞て來れなど毎度〳〵の御事也。そのうちにも御閫中の事など御度數多くては御身の御爲に成りがたきてふことを言上し、御度數の事は御醫師へ尋ねて定めしが、今に四五年に成り侍れども御たがひなきなり。ひと日喬邸にて御大病のころ、一橋の明地へならせられ、それより俄に御問病の爲喬邸へ 御成(德川治濟母・細田氏)の事有レ之。そのまへの日遠江守をめしてあす喬邸へ御立寄可レ被レ遊候はんが、善修院に久々御あひ遊ばされ候はぬまゝ御逢遊ばしたくおぼしめし候へば、越中守へ存慮いかゞ哉たづね候へと之仰也。遠江守申候はこはくるしからぬ御事と奉レ存候。もし越中守善修院御目通りには不レ及と申上候はゞ、いかゞ可レ被レ遊候はん哉と言上しければ、左いはばあふまじきと被レ仰候よし也。善修院は上之御祖母の御つゞき也。こたび之御成は御間病の爲なれば大奥向へならせられ候はんはしかるべからじと思召しける故に御尋なりけり。しかるに何のくるしかるべきと予御答申上候。その外御庭へかりに茶店のごときもの多く出來て、或は物あきなふさまなど御けしきにならへられたりと聞しかば、品によるべけれどもひなぶりたる御慰也、人いかが申上侍らんと言上せしかば、即日とりはらはせ給ひけり。まことに諫にしたがふこと流るゝが如しとやいふべき。聖徳あふぐにも餘り有る御事にて侍る。序にその御様子の事申上ん

も恐れ入侍れども、その美をあぐるは可レ憚事にも侍らねばこゝへのせ侍りぬ。すでに御先代は御目付之類たれもめし出すことなかりしが中年（天明八）ころより表の御役人何と云ふことなくめし出して、御直にもろ／＼の事御尋どもありし。御目付などのかたよりも御目見願ひ候とて出し事もあり。又は老中退職ののちも、御目付など急にめし出しぬ。その外御英断など難レ有事共侍る也。予御目付などにあひて言上の事御尋の事決して老中へはもらし侍るまじ、ことにいまにては何事を聞召候ても御了簡遊ばし候御事ゆへ、浮説にてもあれ何にても聞候事は言上すべし、時おりは申上候て、御目見言上すべき御用なくとも、たゞの御咄にてもよろしく候へば、御目見ねがひて御前へ出すべしといひおしへける。御疑出來てはとても成功は成りがたし。少しも御疑の御きざしあらば今のうちに引しりぞかなむ事御爲の事なれば、また亥年之くれも御役おぼつかなき旨以二霜臺侯一（本多彈正大弼忠籌）言上に及びしに、左思ふべからず行末ながく勤むべしと難レ有仰を蒙りし也。

是まで　上之御心得に成るべき事、又は老中若年寄なんど之心得べき事など露ほどの御定めもなかりけり。厚き　仰を蒙りて予これを撰し、御幼君御そだち之事など之御定も撰し御巻物に認レ之さし上しかば、一と通りは日光へ御納に成り、一と通りは紅葉山へ御納めになりて、讀法之御式も御しらべ出來たり。この御ほうびとして御刀を下し給はりける。御巻物數六卷、御大切之事なれば草稿は燒捨たり。その外御二男様がた之御定、御三卿之御定、又は御軍法御陣場之畫なども古きをたづねて御用部や《屋》へ納しをく。その外江府その外遠國御役所、二條・大坂など之御武器を初として、御城又は諸役所御代官陣屋など之畫圖までなかりしが、中年（天明八）よりあつめて今は御用部や《屋》へおさめをきぬ。

亥(寛政三)年十一月之比町かた衰へ行侍るは、かねて之御趣意にてあんなれども、その衰その盛をなさん始てふ事など尤その心得は侍れども、また天といふて不時之天災さしつどひなば人力の及ばざる事も侍れば、必ず予が力もて必ず興復し奉るべしとは難レ申候へば、今施行之事必ず可レ然とも難レ申候。さればいつとてもその職をのがるる事はかねて之本旨に候へば、御沙汰も候はばいつにても職をば辭すべし。此旨被レ達二御聽一候へかしと彈正大弼(本多忠籌)へ申入しが、その旨被レ及二言上一候處、「念入之事と思召候。必ず心づかひなく安心精勤候へ」と之御沙汰ありしと、十二月十二日書付にて彼朝臣見せられし也。これらも後々のかうがへの端とも成るべければしるす。

これまで大坂へ御用金となんいふことを仰出され侍れば、みな喪色して、いかなる虐政にても被二仰出一たらんやうには心得侍る也。そのおこりといふは、松浦何(松浦河内守信正)がしといふ長崎奉行、大坂へ御用金申渡たりしが、その御金はもと對州より朝せん《鮮》へ交易する爲之料にて、對州より返すべきなれば、公義におゐてそのまゝにし給ひけり。その後小野左太夫とかいふ人、右近將監之さし圖を以て大坂へ百萬兩之御用金申渡したりしが、六七十萬兩もとゝのひし哉。これはその出せしものへかし付て、利息を出すなんど、正しからぬ主法なりければ、いまはそのかしたる先きも年經ぬれば、かへしかねて、御失信のやうには成にける。されば御用金被㆓仰付㆒、逐てかへし給ふといふ事、いつもその信を失ひしやうに侍ればいまもて御虐政とはいふ也。故にその對州の爲に出せしなれども、もとは公義より被㆓仰出㆒しなればとて、中年の比よりしてそれ〴〵公義より御かへし被㆑下しなり。ことにいまは御失信あるべうもなければ、豪富のものどもも安んじたり。予の建議せしには、大平に浴して豪富とも成り侍れば、仰にしたがひて天下の御用度には給すべし。いま關東の在々多く窮し、或は子をころして人別減(し)、又は荒地など多くなりたれば、こら《れ》のための御入用にも成るべければ、二十萬兩も被㆓仰付㆒、御失信なく御かへし被㆑下たらんには、のち〳〵いか計之御備ともいふべしといひしにぞ、さらば被㆓仰出㆒可㆑然哉と、さま〴〵の評論一決してつゐに被㆓仰出㆒しかば、鴻の池なんどいふ豪富のもの、一番にすゝみ出、ありがたきとて早速かしこまりしかば、をの〳〵何の事もなくさし出す事には成たり。この御金、荒地又は村かたとり直しなんど之御救には成にけり。これらの御遣ひかたに成り侍るも、みなその御返し被レ下べき手當をもよく一つ〳〵しらべものして、とりあつかひ侍る也。此評議などもことに久々しけれ。これにてもしるべし。治國の道は信を第一とす。信たてば天下之金穀みな公の物なりと、初めにいひしにもたがはざりけり。村々ことにおとろへたれば、寶暦之比より村々へ御かし金など、五十萬ほどにも及べり。此高、暗書でかきしかばたがへるにや。これらは三十年賦にゆるめ被レ下たり。下々ことによろこびしとぞ。納やどてふことは寶暦のころより初れり。村々より納る米を、その納やど引うけて御藏へおさむる也。さるに姦曲のこと多かりければ、(主膳正久通・丹後守廣氏・勘定奉行)柳生・久世の徒評定して、それまで姦なりし納やどはみなやめて新たに三人に申渡たり。その納かたなんどには利害交れるがうへ、新たなるは人の馴ざれば害多きやうにはいへど、實に左はなかりし也。村々こたびの改しによて、入用減たるは、そこばくのことなり。されど代官の手代またはその職ゆるされし納やど、又は御藏の小物なんどいふものは利を失ひしによて、よくはいはぬなり。實は村々よりの直納にはし侍り度事と時々思ふ也。★廻船も缺、諸組にて侍りしかば、年々難破船も少なからず。そのうへうけおひ高いと高かりしが、御直やとひてふの法に成りて御入用もことに減じ、難破船もことに減じぬ。その外二條・大坂御藏納など、いと姦なる事侍りしが、御造營によて江戸の御役人登りしかばこれに被二仰出一てことに改正し、いまにては村かたもことに入用減じたり。藏宿てふことあり。事長ければそのあらましをしるすなり。御旗本御家人の面々みなこれより金をかる事也。その利倍增していつ果べしとも見えず。ことに彌增之困窮に及べり。その藏やどてふは竟に長じて、御家人などをもあしざまにもてなし、かつておそるゝけしきもなく、かねてかり引せんにも、藏宿のぬしは出ず、手代など出してあしざまにあいしらい侍るなんど、けうときふるまいなり。これによて町奉行・勘定奉行なんどゝあつく評し、同列なんどもとより厚評して、五年已前のは棄捐にし、已來かし出す金之利をやすくせし也。これによつて一旦はことによろこびたりしが、藏やどにてかすべきかねなしとてかさず。これによて、かりかねてなげく也。もとより公金十二萬兩を下して

★（原本頭註）
此事など、十年もたちたらばやゝなれ侍りなん。その間にはさま〳〵之建議生ずべし。されどいまの奉行吟味役の居侍るうちは此法は維持すべきなり。

藏やどへかして、その金をかし出す事なれば、しゐて之さしつかへもなかりけれど、下たるものは只多くかり侍ればよき事とのみ思ふが故に、たる事をしらでかくはいひし也。ことに卯年(天明三)より打つゞき米高かりしが、酉年(寛政元)のころより狼戻しければ、とる處の金の少なきも、藏やどのしれることのやうに思ひたり。つねとても心よくはかさざれども、藏やどの改正によてかしかぬると藏やどにてはいふ也。故にその御改正ありてより、始めてかし出し侍らずとのみいひのゝしりけり。されども古き金は棄捐に成、あらたかりは多くかし出さゞるは永代之御惠也。古くかりし金棄捐のうへに、今こゝろよくかし出したらば、今日之快遠からず、又その棄捐被二仰出一ん日のごとくには成るべし。さればこの處は實之御仁術ともいひつべし。されどもこの事申カ(マヽ)之秋被二仰出一、その年之暮に至りければいづかたも折合ず、たゞかし侍らねばことしはいかがせんなどいひのゝしりたり。このところ新制をしかるゝは初めの處はいづれ安らかには行なはれがたきものなり。このときに至りては、予が任とてみな獨斷にしてとり行ひたるに、今はやゝおり合ひて、こぞのくれなどは何といふこともきかざりき。つねは一ツの小事にても同列とも／＼談ずる也。その談じて行ひし事にても、かくのごとく事もつれしていかゞあらんと見侍れば、何の事いとむづかし、もし仕損ぜしとき同列衆評にて仕損じては、御人多くの不調法とも成れば御事もかくべし。かゝる時はわれ引うくべしとて、この事もわが任にして取扱ひしなり。とかく人は安らかなるときはわが任とし、むづかしければ人にたより、のちには人におしうつしてわれはよそ見するものもある也。わがせざるところ也けり。

延聘使之御用をつかさどり、そののち議聘使之義をはからひぬ。わがことをいへば人のことを拙しといふにあたれども、その始末のせ侍らずしては、事のわかちもあしきなり。これまで御代替之度には、朝鮮より聘使をさし出す事なり。それによて日本之國費大かたならず侍りて、東海道の村々よりは百石に付、三兩之御用金を奉り、萬石已上鞍馬を出すなんどいふ計りもなきなり。しかるに予未の年に老職たりけれども、聘使はいつ來るともいふしらべもなく、同列などへ聞けれども、御祐筆の組頭などしりて侍らん、これらは對州より伺ひ來るべしなど心にもかけざるさま也けり。これによつてその御入費はいかにして給すべき。村々も衰、萬石已上の人々も、いまにては皆困窮すれば、このときその大禮を可ㇾ被ㇾ催はいかゞあらんといへり。これによて猶おもき御人々へも言上せしに、もとこの聘使此國へ來るは、かつて美觀とするにはたらず。あるは日本之腐儒どもみな出て、鷄林人と唱和して本意なる事にもおもひ、又は道すがらの盛衰見られても益ある事にもあらず。いつも盛に、いつも窮せざらんやうにはありがたければ、時として饑饉うちつゞくまじともいひがたし。さればこの聘使てふは美觀とするにはたらず。況や巡視清道の旗をたて、上々官などいふは通辭のいやしきものなり、三使などいふも貴きものにはあらざるを、御三家がたの御相伴あるなんどは禮のとゝのひしとはいひがたし。さればいまその禮を制せられんには、させる事にあらずして力をも勞し、又々*正德御新禮《令》の如くにか成なん。しかればこの聘使は對州にて迎接してすむべけれ。この迎接の事、議せんにも同列にはいまだその人あらず。ことに朝鮮より聘使の義伺はんも程ちかければ、まづ延聘之義をなしてこそと一決し、その旨言上し、五山相國寺之長老など呼びてみづから談じ、延聘之義とり行ひしが、ことによくとゝのひて彼方にも尤に聞うけり。その延聘のことばとせしは、ちか比饑饉つゞき侍れば、その大費に給する事なし。只今はその下を救ふの故のみ也といひやりたりけり。それすらも對州の家老いなみてうけがはざりしを、いろ／＼申さとし、古川(鴨往)圖書といふ家老よく任として對州へ行しが、半年ほどにしてその儀とゝのひし也。いま延聘一件書狀事情の事、くはしく册子にして御用部や《屋》へ納めをけり。かくてまづ延聘は行はれたり。これより於二對州一迎接する之一條なり。この義去る亥年比よりとりしきりて談じぬ。（このころは同列申合たる人もありたり。）

★萬石已上などにも、供減じ侍り度などいふやからも多し。近年流弊の餘をうけ、ことに一統節儉の心地になり侍りて、出入をかぞふれば何時も出るは多く、かりしかねも返すべしと思へば、今日をもくらしかぬるなり。さればいづかたも節儉被レ行候へば、その行とゞかんほどは猶更むかしよりげに困窮はまさるなり。

萬づ御吉凶御禮式その起立何といふこともなく、只先例を逐てその時に至り判斷する事すでに年久しければ、おのづから其事理當然といふにもあらず。つゐには御手重に流れてかつ禮之實をば失ひし事も多かりけり。これによて御造營之御用奉りしはさらなり、彰君御婚禮又ハ蓮光院様御新造之義御用奉りしにもみな漆柱して先例によるとにはなく、その御ほど合ひを評義し、或は伺ひまた諸役へ評義などいひつけて宜き様にはせしなり。されどもその時に臨みて判斷すれば、人情によて改め

★　此章原本「〇此ケ條末へ出す」と註記し、本書一四五頁相當箇所へ挿入する指示あり。

がたき事もあるなれば、御吉凶御禮式不レ殘かねて宜處を定め被レ置候かた可レ然と建義し、伺之上、予その御用を奉り、御勘定奉行、吟味役、御目付へもそのかゝりを申達しとりしらべ侍りぬ。右はその御例をもととし或は和漢の例を以て評義を加へ、たゞ御手重に流れたるを省きて、その宜ところをば定むる御趣意なりけり。ことに大業なれば急速終功之ほどは尤難レ期なり。

御日記てふものも明暦の前はいとあらく、ことに灰燼の餘なりしかば、御三家になんある總聴日錄の類、又は榊原・酒井などの家にあるところ之舊記を探出し、御用部や《屋》に備へし也。としふるき御日記もしまた烏有之患もはかりがたければ、二た通し《り》寫しをき、場所をわけておさめをくべき事を建議し、追々うつし侍る事なり。その外、御日記の見出し目錄など之事も建議せし也。是まで御祐筆所の御書付類多けれども、御藏などいふものもなく、あまりに御手薄なりければ、御寶藏のかたはらの御藏をその御藏として納めをきぬ。逐ては御實錄又は風土記など之事も、おひおひ建議せしがいまだ果さず、たゞ孝子忠臣などあるをばかき出すべき旨など伺を以て被二仰出一されぬ。白石が藩翰譜も書きつぐものもなければ、岡田清助《(寒泉)》・瀬名源五郎に被㆓仰出㆒、書つぐべき旨被㆓仰付㆒。このとき諸家へ寛永後の系譜出すべき旨被㆓仰付㆒おの〳〵出候也。萬石已下之系譜の書集めも被㆓仰出㆒し也。

寄合は三千石のもののみ烏合といふべきほど、たれつかさどるものもなければ、おのづから人がらもあしく成り侍りぬ。ことにこれらは逐て番頭などのおもき頭役にも成り侍るものにし侍れば、ことに簡要のところにて侍るにぞ、寄合肝煎てふ御役被㆓仰付㆒、御目付にも寄合かゝりなどいひてそれより今はとりしまりし也。これら百年のはかりごとは人をうゆるともいふべき歟。

御用達の町人などは、いつもその株をつとむるにぞ、不正の事あれば是まで嚴科にも處せらるべけれども、あへて甚しき不正とにはあらねども、わがみを高ぶりおごりに長じ、拝借金などをして返納之道なきなども、多く侍れば、休株てふことを建議して後藤《(呉服所)》縫殿助呉服之御用は不㆑被㆓仰付㆒りし也。大藤主水之類ふるき比は御臺所へ出、御菓子製したりしが、いまは町並の家に居て御菓子製し奉れば、その封のまゝすぐに御賄より奉るなり。いかにもそまついはんばかりなし。ことに御菓子之價いと貴く、一ケ年も不㆑少御失費たりともせんかたなかりしが、長崎之商賣減たりし後、かれらのかいうくべき砂糖代も減じたりければ、それを以て主水・織江なげき出てこれよりその御菓子増直段被」下ずば、御用つとめ侍らじといひ、すでに織江などは引込たりけり。これによて御用さしつかへなんといふころ、予建議して御菓子は御手まへにて製すべし、かれら兩人これまで之不束御咎之うへは、御菓子製改役仰付られたらんには一條可」然といひ出し、その通になりしかば、一年にては千何百兩といふ御入用減じて製しかたもことに御手薄は止にけり。此兩人の不束といふはかい受べき砂糖は大坂にてはらひ御上りには江戸にて町物かい上るなんど、または奢に長じみづからは製しかたも辨まへず拜借など多くして上納之心得もなきなどの不束なりけり。

★是まで取扱ひける御用書一々ゑらび、のこりてもゐきなきものは封じ切りて、火中と書しるし、のこりてゐきあるものはみな袋へ入《れ》りて御用部や《屋》へおさむるなり。その目ろくは御用のもれ侍るほどの事にはあらざればこの年譜のうちへおさめ置ぬ。かつ初めにもかきしるせし幸内上書によつて同列評論せしかき付、かいとめてをきしもこの年譜へそへてのこしをきぬ。尊號の事諫止せし草稿もをなじくこゝへのこしをきぬ。その外奏狀又は建議の書、又は同列申合たる書付などいくばくといふ數をしらざれどもわが家へのこす事なし。

享保之比より御薬園てふもの出來たりけれど、その御趣意をゑず。たゞその御園のうちにてつくることゝはなれりけり。人參なども朝せん《鮮》よりたねを御とりよせありて諸國へうへ給ひけるも、みな権すとかいふごとくにて下にては只その御利德の爲につくり給ふとおもへば信ずる人稀なりけり。いま朝せん《鮮》より來るはかへつて僞物も多けれど、まさしくこの地にてうへたるは氣味生合も良けれども、人々遠きものを好み近きをうとみ候情にて信ずるもの少なかりけり。たゞいささかの御園中にいか計うへたりとも、日本之國益とはいふべからず。ことに唐蠻之船來之しな、外に貴ぶべきものはなけれども、只薬種のみはなくてかなはざればつゐに唐蠻は主となり、かいうくべきものは客となりて、長崎の條下にいひしごとくには成り侍る也。さればこの地にて多く渡薬のたねもうへ殖しなば、船來之ものをたのみて生活するにも至るまじ。しかれば江戸二ケ所・駿州・京・長崎の御薬園は、只渡來之薬種を多くうへふやして、貴賤のわきまへなく望む者どもへは、うへかた等したゝめそへ、

★（原本頭註）一番末へ書くべし。

その苗その種など被レ下候かた、天下の御藥園たるべしと建義して、その趣御觸も出、それより一ヶ年に十種づゝ唐蠻へその種子など被ニ仰遣一こととはなれり。數十年經なば必ずそのしるしあるべきなり。御種人參といふもの、これまた予がおもひつきて唐人へみせしに、ことによろこびていまこの地にてかいとゝのふ直よりも二三增倍高くかい求ぬ。これによつ（て）西國にてもその人參功ある事をしりて求むるもの多しといふ。かほどにこの國にゐてちかきものをうとむ情をしるべきなり。扨御上りになんなり侍るものは、何にてもことに手をつくしてその善美をなせることに侍るを、御藥計りは侍醫の家にて製して奉るなり。さればその藥製も不行屆、又はその出所の糺しもとゝのひかね侍る也。今の世の醫は只今日の貴きをのみしりて、その道に心を盡す事なければ、此地にてつくり出す人參なども雷同して用ひず、舶來の品は新古精粗もわきまへず、たゞ用ひてあたい高きをよきとのみおもふ類多し。されば世の醫のためにもとて御製藥の義はとりはからひ候へと之仰を蒙りしなりけり。

所司代町奉行議して京の町々隱《かくし》賣女多ければ禁ずべしとて召捕し也。こはいかなる事と尋侍るに、京にては賣女なんどは禁たる事もしらず、これまでたゞされし事もなし。されども禁たる事はしれたる事なり。江戸のためしにおもひとりて、少し召とらへなば極めてその餘はあとけち侍らんとおもひ召とらへたれど、下にてはその禁をだにもしらざれば、にげまよふ事もなかりしにぞ、つゐに千何百人といふ賣女を二日にとらへしとなり。さるによりて關東よりの仰也などうらみしといふ。京都はいと狹小之地、ことに往還などいふにもあらざれば、只名所などいふをみに人人來りて戲樓にのぼりて、一日二日を過れば他邦之金錢やうやくその地へ落るなり。さるにいたく禁じてはいかゞあらむ、京地に何ヶ所と定、一軒に何人と定め、島原之支配としてをかれなば、その宜ところにこそ侍るめれと建義して、その事伺之上可ㇾ奏之命ありしかば、京尹へいひやりてその後やうやくしておだやかには成しなり。此地にもまたかくし賣女なんいふものことに近世多くなりたる也。これら之處置ことにむつかしく、同列さまぐ\くりかへし、いくとせか評論せしが、まづ甚しき場所をゑらびめしとらへ、再々犯にも及ばゝ火除地にめし上られんこそしかるべし。一體にとり絕しなんは風俗の爲にかへつて不ㇾ可ㇾ然と之建議なりけり。寺社之人こそ世にいふ遊手之甚しきものなるべし。遊手てふものは益なきものをいふ。僧徒などは益なきのみかは、かへつて害をなすぞなげかしき。これによてまづ僧侶の人別を始めて被レ糺、そのうへ僧侶に成るべきは領主地頭へ届けてゆるしを得てこそなるべけれと之論に及べりけり。堂宇の事、その外重き罪ある寺は山林御朱印の地など可レ被レ削むねなどの建議に及べり。

今上帝(光格天皇)は閑院之宮之實は御子なり。これによて閑院の宮(典仁親王)へ尊號宣下あるべしとの御内意ありけれども、予かたくとりて言上せしに　御旨にもかなひければ、故關白(輔平)殿へ鷹司殿なり。いくたび申上し也。その一件この巻にそへて殘し侍る也。その後猶又往復取計ひ之事あり。

酉(寛政元)のとし蝦夷クナジリ(國後)といふ地にて運上請おい(負)人飛彈(驒)屋久兵衞之手代と爭ひて、ゑぞ人集りて日本の人をころす事五六十人に及べり。そのときなども專ら予御用奉りて津輕・南部へ之仰、その外松前へ之御下知など予仰をうけてとりはからひし也。此蝦夷てふ國は、いといたうひろければ、世々の人米穀などうへてその國をひらくべしなどいふものことに多かりけれど、天のその地を開き給はざるこそ難レ有けれ。

いま蝦夷に米穀などおしへ侍らば、極て邊害をひらくべし。ことにおそるべき事なりと建義してその義は止にけり。忠籌朝臣初めはその國をひらく事をのみ任とし給ひしが、これも予がいひしによて止めて、今にてはその蝦夷の人の御恩澤にしたひ奉るやうにとの建議なり。これらものちにはいか樣成る弊をや生じぬらんともおもふなり。むかし關西には大井川・富士川・箱根・今切・氣が《賀》・桑名の海なんどを初めとして山海の御かためあるがうへにも、駿府・大坂なんどにも御番城をすへら《れ》へ、西國にもそれ〴〵奉行を被二差置一、大名なども交代などしてその守りを專となすなり。只奥羽二州ことにひろけれどもその比は山丹・滿洲・ヲロシヤなど近きともさらに辨へざれば御備もなきなり。これによつてこの事を建議して評論に及べりけり。

ひとゐ《ママ》異國船之漂流せし事あり、これによて衆評一決（の）うへその漂流あらんときの心得など御ふれもと〻のひし也、御代官所又は佐渡・山田の類にも異國漂流之御手當あるべきを今にそのさたなければ御旨を奉りてその評議に及べりけり。

★いにしへはかりしかねはかへさず、不義の富極め、かひ候ものもあたへわたさじと、今日をくらし侍るにぞ、事たらぬやうにもおもはざりし也。いまはその心得か

★一三七頁★參看。原本「いにしへは」の上に〇を附し本書一三七頁〇印を此處に出す指示あり。

わりしにぞ、俄に困窮を覚えたるさま也。この二とせ三とせたちたらば極めてそのところもいゑぬべし。されば御役人など、日々勤に出る供をも減じたらんは非常の取計ひにも當るべけれども、格外の減にさへあらずんば可なるべし。いかにも被二仰出一候やうになど、久世丹後守(廣民・勘定奉行)などを初めとしていひ出、御目付平賀・中川(勘三郎)・石川(将監)なんど之人々しきりにいひ出したり。事かわりたる事なれば、いかゞあるべきとて半年計りも引のばしたりけれど、その後も度々被二仰出一をいそぎけるにぞ、同列相二談之一御目付より出したりし供減は多ければとて、猶又差略をくわへ、駕にのりたらば馬ひかせ候はんにも及ばじなどいふことなる事は皆省き捨て、かほどには減じ候とも不レ苦趣をもて伺レ之、つゐに寛政四年月番はからひて被二仰出一し也。しかるに御目付には成たけ多く減ぜまほしく思ひて、此御書付の通には是非減ずべし、此うへは猶更心得にて減じ候へなどいひわたりしかば、ことに甚しく減じたるもありけり。こはいかなる事とて尋させたれば、御目付かくは談じたりしといふ。いかなる心得に哉と尋ぬれば日雇のものいまにては黨をなして士氣は自然と衰へぬ、いま多くその日雇を減じぬれば、主客の勢ひ變じぬ。その爲にこそ被二仰出一し事と奉㆑祭しなれば、猶も減じ侍れとていひありきぬといふ。されどももと此建議は久世・中川なんどいひ出たるにて、敢て主客之勢ひなど變ぜんと之建議は夢にもなく、只今日をくらし侍る道をしばらくがほどは有餘をなしをかば、風俗もたちかへるべきと之事なり。されども一旦御目付のかく談じたるを、いまさら僞なりといひ侍らんもいかゞあらんと、誠に二日三日は同列打寄り談じて猶けやけく減候はぬやうに、先日ふれ出したる書付の趣に減じてはさしつかへ有㆑之か、また御趣意有㆑之御減じにも不㆑及といふ計には被㆓仰出㆒可㆑然、されども觸直しなどいふもいかゞなりとて、月番よりその旨を傳られしなり。その比一月二月過るころは、日雇などやとわれずして今日をくらしかね侍れば、强訴やし侍らん、または火盜など之業をやせんなど、とり〴〵さたありしが、それもほどなくやみ侍りぬ。かうやうの事は、わが輩下へよく〳〵その御趣意をいひ侍らば、かくはあらじをと思へどもせんかたもなかりしなり。その年之三月奉公人など多く侍るべしと人々いひやひたるに、例よりも奉公人少なかりし。されば凡人の先見とはちがふものなり。

伊奈右近将監(忠尊・關東郡代)、去る申年(天明八)よりさま〴〵之不埒どもあり。或は虚を以て上旨に擬して右近之重臣をおし込、または拜借せし金子返納をゆるべ候事など、御役めし上られ候か二ツ一ツに願候など憚からぬ事などいひ出、ことに放蕩にてあるは微行し、またはめしつかひなど暇出せしかたへかよひ、あまさへ家中不和を生じて家士五十人徒黨連判したり。その事いと治りがたければ、上旨を伺(尤一統あくまで談じ)て板倉周防守(勝政・寺社奉行)へ申渡して裁せしむ。(周防守は右近将監之兄なり。)その後伜半左衛門(忠善)は妻の血脈なりしが、赤山へ検見に右近と行しが出奔せしとぞ、その聞えありけり。しかるにおしかくして訴えず。近親にもいわざりけり。しかる處につゐにはかくしがたくやありけん。正月に至りて去年十一月廿四日出奔したりとて屆ぬ。しかるところ初め家士仕置すみたりしは十二月之半ごろ也。此とき臣かくのごときは君の右近も不行屆によつてなりとて、さしひかへ被㆓仰付㆒しが、半左衛門も父之差控を恐入しとて差控うかゞひたり。これは御目通遠慮すべしと被㆓仰出㆒ぬ。そのころはすでにいつか出奔せし後なり。かくは後ろぐらき事にてはいかゞなりとて、評定さま〴〵なり。いづれも同列は先々之例をたゞして、當主は御預、家は斷絶たるべしといふ。予はとかく寛にし侍て可㆑然、當主は永く蟄居にても侍るべしといふ。その議不㆑決「ざ」りしほど也しが、まづ上旨を一統談之上伺ひしかば、永く蟄居のかたに被レ決ぬ。その後あとは三百石可レ被レ下など之事ありしが、是またさへぎりて申し千石は被レ下ぬ。尤評定衆へも談じたりしが、いづれも千石之處甚相當難レ有事とはいひ侍りぬ。その伺書「伊奈右近將監御仕置之義内評之書付、入二御覽一御内意伺ひ、再應評義等も仕候趣にては、右家舊功をもて御宥恕にて永く蟄居、あとのものへ三百石被二下置一候かたに伺相濟候。然る處、猶また品々相考候に、伊奈家連綿舊功之家、ことに段々の不埒は、家中限り、又は御後くらき義とても、世上一般存候ほど之義無之、其外一體に怨も無レ之候へば、世上之情等考合せ候ては、寛成る方時勢に相叶可レ申、尤右御仕置最初御預等に被二仰付一候衆評之節も、私義は遮て寛成方と申談候て、再び相伺候に付、永蟄居之方に被二仰出一候義には候へども、猶又相考候に、あと之者に被レ下候高は、いづれ千石も被レ下候樣仕度義にて、右之譯は世上に怨も無レ之候もの故、餘り小知に成たらば苛刻不仁之御取計ひ候樣に存人情おだやかなるまじく、寛成るかたに成候ては人情極めて穩に有レ之、難レ有御仁惠之義相唱御尤之義と可レ奉レ稱候。萬々一、人はたとひ寛に過候御咎にて世上御取締にも不レ可レ然と申候義有レ之候とも、右は家柄舊功によつて寛に被二 仰出一候事と是亦可レ奉レ存候。一體例書に引くらべ候ては、御預等に被二仰付一候義相當には有レ之候へ共、右はその時之勢により候て、寛猛之御取扱は有レ之候義、則御政事第一之義と奉レ存候。御國初之御勢之比は、たとひ猛に過候とても、御勢ひにておし下し候義に有レ之。壯年丈夫之もの暴食等仕候ても暫時に消化仕候て、曾て滯食等之患も無レ之候。右壯年もやゝ過候比、已前之心得にて暴食等仕候へば或は滯食等仕候か、又は卽時之患無レ之候ても濕熱を蓄、又は中氣不和など之症を發し候如くに御座候。泰平久しく打つゞき候へば、人々文化ひらけ候て、こざかしく論議など仕、御政事之義是非仕候は古今同樣之勢にて、是また御國初之比とは大にちがひ申候義に御座候。右之通に付、下へ之怨無レ之もの、ことに家柄舊功有レ之候は出格之御評義を以て寛に被二仰出一候方相當之義と被レ存候。初めより私義者しきりに寛之御取扱ひ之義發言仕候うへ、猶又如レ此申上候義も何とか先入を申張り候に當（り）、恐入奉レ存候へども、人情向背にもかかり候間、段々同役へも申談候へば、千石被レ下可レ然旨評決仕候に付 猶又相伺候。若寛に被二仰出一一體御取締不レ宜義又は衆情飽足不レ申候樣之義も候はゞ私之不調法は決候義に存候」など言上はせし也。ことに尤など之御沙汰を蒙りし也。右にて御宥恕の被二仰付一有レ之たりしかども、世上にてはいまだ御苛酷なりなどいひ合ひける。その後半左衛門京のひゑの山にかくれゐたるを、附したがふ家來の妻松平甲斐守へ訴出しかば、捨もをかれず、たづねにやりてつれ來りぬ。

わが別業すがもに五千坪あり。いまゐるやしきは、此職中のやしきなれば、いつ御用地に上べきも難レ計、八丁堀の邸は上やしきなればそのときはそこにすむべし共、隱居などはすがもは遠し、せばし、いかんともすべからず。そのうへ米倉などたてをきて、一とせの蓄せまほしきにも、その處もなければせんかたなし。此いまのやしきさし上べきときは、かへやしき下し給ふ事なれども、いづかたにて可レ被レ下哉も難レ計(け)れば、今やしき一つ拜領して、遂て此やしき上りたらんときには、かへ地被レ下候事を可レ辭とて願たるに、やしき〔可〕被レ下べし、見たてて願ひ候へと之事也。それよりして、或は海を埋てやしきにせんと思へども、入費過分、ことに波濤の患あり、原地なんどは御放鷹のさまたげとなれば、これまたねがひがたし。依レ之下谷に組やしきの上り地あり。これを願ひて相對にて引かへたらんには、人の恨もあるまじ。されども願たるやしき直に又かへ侍らん事は成りがたけれども、こたびのやしき願は此やしき御用地に成りたるとき替地ねがふまじきとて願ひたれば、いつ御用地に上ぐべきも難レ計。されば自餘のやしき願とは事かわるべし。くるしからずば早くもかへやしき侍りたきと願ひたれば、これまた願之通に被二仰出一し也。それよりして、いつかたのやしきとかへ侍らんと議しけるに、田沼淡路守（意明）稲荷堀に七千坪のやしきあり。邸も廣く庭もよし。このやしきはいまの田沼の祿に過れば、いつか御用地なんどに成まじきとも難レ言、ことにいまは不如意に成りたれば可レ然引料得て永久之計なすべしとて、此ころしきりにかへたきとてもとむる人を尋るよし聞傳たり。しかるに又一橋の御別荘向築地にあり。これは去年去々年の波うち揚て御石垣も過半くづれたるうへ、御やしきに住む人もみなおそれて外へうつり度とはいふ也。これによて一橋にてもこのやしきを外へ御ゆづり被レ成度との御所願なり。しかるに酒雅樂頭（忠道・姫路侯）やしきは鶏聲（現小石川區原町）がくぼにありて一橋のすがも（現小石川區林町）のおやしきと隣りたり。庭も好ければ御望なり。雅樂頭にはいつかはこのやしき一橋へめし上らるるも難レ計とかねて心をくるしむ。そのうへ田沼の稲荷堀のやしきとうた《雅樂》頭の別荘となりなれば、これを圍込たらんには、ことに場所柄といひよきやしきなれば望む。さるに水野日向守（勝剛・結城侯）はことに〳〵不如意にてせんかたなし。青山のやしきを人に予へて引料得侍らば、それをもて經濟のもとにせば一諸侯立行べしといと願ふなり。この青山のやしきを田沼へ得させたらんにはいかゞとゝとひしに、ことに望み侍るとはいふ。さるに下谷にて拜領せしやしきは加藤作内のやしき向ふにて、いといたう所願せし也。作内本所にいさゝかのやしきあり。これを水野へやりて此下谷のやしきを得まほしといふ。これによつて双方いづれも所願之處なりければ、書付て同列へ尋しに、いづれも可レ然と之答出る。御目付のうちに直言いふ人にも一々尋ねしに可レ然といふ。柴野彦助(栗山)てふ御儒者にもたづねしにいさゝか心づかひなしといふ。尤家臣へも評定せしなり。初めのやしき願等一々みな同列一存を人ごとにたづねかきつけ、答を得て願ひしなり。惣て私事常にかはりし事は、みな同列へ相談いとくわしくせしなり。其うち酒雅樂頭やしきは初めのほどはかへがたきなども聞たるにより、和泉殿(松平乗完・西尾侯)間柄に付再へんかけ合ひ、少しにも心かゝり候ては不レ可レ然、一向にやめ侍らんかなどいひやりたるに、實情聞れしにやめ侍りては不レ可レ然、ことに望むよしいひこされたり。その外いさゝかもしゐたることなく皆双方の願、心を得たる様にはなせしなり。それより願出したるにいづれも願之通に被ニ仰出一し。向築地庭ひろし。家中の者門外愼みあつくいひ付て、一ヶ月に二度ほど家内めしつれ、酒べんとう持來り、右やしきにて散欝せよとはいひ付たり。

　自分の事。役料増その外農兵申渡書までもかくべし。これは勘定所、月番役所留めにてかくべし。

△★柳原に社倉は出來にけり。このおこりは、町々町入用とて御滄《ママ》義などにいひたる、又は捨子あり、又は訴事あり、又は神事などいふごとく、さまざまの雑費出るなり。この出るはその店にすむものより出すにはあらず。地代店ちんとて定りありてその店にすむものよりは出るなり。そのうちはいかほどは町入用とし、いかほどはその地主のかたへ納むる事、世事しげくなりて町入用年を追て増し侍りけり。これによつて二ヶ所へ届くべきことは一ヶ所にし、こしかけなどいひて町奉行役所へ出るに辨當または茶などのみ侍るも入用かゝりしを、これらも皆やめて侍れば、五ヶ年已前の入用にわり合ひては、町ごとにたがひ侍れども、多く減じたり。されども減ざる町もありけれども、これは十にして一つなり。扨その減じたるを、二分は已後地主の納りのましかたとし、七分は町々よりあつめて月々これをおさむ。そのうちを以て籾をかい、又はくわんくわ《鰥寡》・こどく《孤獨》などにくだし給ふ。これを社倉といふなり。

残る一分は町入用のうちへくはへて一年をまかなふ。さて店に居侍るもの、番錢芥錢とて店ちん地代の外に出すものあり。これはやもり《家守》てふものの手に入りて、もと名のなき事故、これはやめたり。さてその一年のつもりたる入用減じぬれば、やも《家守》りそれをばわが物となすなり。これによつて地主は今より増手取あり。店子は番錢あくた錢はやみぬ。只家守てふもの、これまで町入用となづけてさまざまの横行ありしが、この處改たりければ、ひとりよろこばずして、さま〲此令下りしのちいひのゝしり、「田沼主殿がしたりける小間にて三匁づゝ納めさせたりける事にもおとらぬ虐政なり」とていひ、あるは「江戸の町々怨みていかなる事かし出し侍らん」、または「町入用を減じて、店ちん引下りぬべしと思ひしに」などとるにたらぬ事のみなりけり。このとき御勘定奉行・町奉行をよびて、「さてこの社倉の事おの〱評定して奏せしを、同列くりかへし評論し、さま〲にいひやひ、奉行へも度々下、いくたびかし直し定めて、つゐで伺ひたりければ、上旨にかなひて可レ被二施行一旨

★ 九四頁參看。

にて、つゐに被二仰出一けるなり。然るにこの義下の難義はなし。ことに上よりも一万兩江戸町々へ被レ下、かし付候て、その利を以てこれまたその積金圍米之料とは被二仰出一候ほどにて候へば、何かくるしみ侍る事のあるべき。此義被二仰出一たるに、今半ばにてやみ侍らば予は勤ては居侍らじ。各とても勤がたかるべし。かかる大事を被二仰出一、下の心に應ぜざるとて止み侍らば、何の面目ありて天下に立つべしや。すでにこのころは日々予にいふ人もありて『この事は人情に背が、いかなる怨みは生じ侍らん』といふ也。予がこたへしには、『いかなる事にても諫給はるはよろこばしけれど、これ計りはその御役々の人評義をこらして、一旦被二仰出一しことなれば、あしくば予ら皆その罪にあたるべし。いかにいふとも心は動かさじ』といひぬ。いづれもこの心になりて行はれよ」といひたり。さるによてみなその心なりければ、つゐにはその被二仰出一かた、下の爲にて、上を増などいふにもあらず、下を損せらるゝには猶なかりければ、夢さめたるやうにて、人々のちにはいひやみける。それより柳原に會所又は籾藏たち、老て子なく、妻夫なき類、いとけなくしてたよるかたなきものなんど、いひ出たらば渡し可レ遣とてふれければ、一日に二十人、三四十人、今にたへず出侍りぬ。この會所へおさまる金、世には十萬兩も年々おさまるといふなり。たゞに二三萬なり。のち〳〵おもひあたりてよろこび侍らんは、予がはからひしうちにも、深川本所の水塚、この社倉之米穀、町々之火除地なんどは時々思ひあたる事あるべし。

うぢ《宇治》川のはし、度々の出水におちて保がたし、これによつて普請のくわ（だ）て伺ありたるに、入費多しとて人をつかはされ、猶くわ（だ）てかへたり。これはうぢの橋を土橋にし、わきにあなるはし姫の社をとりて、かたはらの住吉の社と相殿にすべしといふ。入費かくべつに減じぬ。しかるべく哉と伺ひ出たりけり。よておもふに、「うぢの川古き畫にも板なり。*『はし板引はなしたり』などいふ事もあれば、むかしより板橋なるべし。橋姫の社てふは、*古撰集にもよみをけり。何が故に右らの拙きことははかるぞ。古き姿はのこし、すたれたるはおこし度なども思ひ侍るを」ととがめて、もとの姿とはなせりき。

伊奈半左衛門京のひゑ《比叡》のやまにかく（れ）居たりとて、甲斐守より人をしてつれて來りぬ。これによて可レ被レ糺と之事也。されど父之科を子にたづぬべきやうはあらじ。まづ半左衞門つれそひて隨ひたりける小島外守といふものを尋てこそ、かれも右近將監の臣なれども、半左衞門につけをけば、外守より見候てはおなじく君なり。されどいま付したがふかたに忠を可ㇾ盡は道なり。まづ外守たづぬべしと議したり。此始末いとその道理むづかしければ、いかゞ被㆓仰出㆒可ㇾ然と評定一坐へたづね、一つは御儒者へたづねたりけるに、御儒者の論當りたり。よて同列とも相議し、御儒者のいふごとく外守を尋、その後をもて右近を書付もて尋けるに、何の事もなく半左衞門出奔せし事、始しらざるといひしは僞なり、しりたる事にて怡悅などをもて金などおくり、外守をも付そひ出したる事の始末、白狀におよびぬ。これによつてその家臣のうちにもその坐に居やひたる輩、または重臣の類などは、いづれにも君の出奔をもたづねずおきしは不忠のよしにて、たゞしありたり。これによて、つねに決して、それ〴〵之御咎ありたりけり。罪なき家來は暇つかはし、兩家より一ケ月も扶助し、たよるべきかたへたよりて引拂ふことゝはなりぬ。ことに多き家來にて、さま〴〵強訴にも可ㇾ及、窮餓をも可ㇾ訴など聞えけれども、寛急さま〴〵にとりあつかひて、事故もなくすみぬ。そのとりはからひは、聊づゝ之寛猛にて、その機會たがはざれければ事もなかりけり。

寛政四年七月廿一日、あざぶより出火、南西風はげしく延火に及び、番町不ㇾ殘、小石川も少々燒ぬ。これによりて古之畫圖なんどかうがい合せ侍れば、番町にももとは火除の地所ありけるが、追々に立そひてかくは成たり。いで此際に乘じて火よけ地こそ出來侍るべしと、町奉行・御勘定奉行・御目付のうち三人かゝり之事申達評義させぬ。さまざまの評義出しを度々御用部や《屋》へよび出し、畫圖をさし示し、かうじ町の火除地をひろくし、字かへるが原之地をひろくして九段坂の御用やしきに及ばしめ、田安の御堀ばたのやしきをも外へうつしぬ。小普請のなかにもことに人物あしきをゑらびてこれを遠きへうつして、何の事なく被レ行ぬ。土藏にても何にても、のこりたるものあるは引料の半を被レ下、何ものこらず燒たるの更地にてやしき被レ下し。近きは引料の三分一を被レ下、遠きは引料の三分二を、いづれも引ものもなければ御手當として被レ下ぬ。凡そこたびの火災、まづ冬可レ被レ下御切米くりこしうけとり度ものは可レ被レ下むねを被二仰出一、千石已下はそれぞれ拜借金被二仰出一、小給之分は御救金被レ下、諸拜借返納、當年は差のべ被二仰出一ぬ。また町かたの分はかの社倉之米錢を平川天神之社地において、七日之うちほどこし被レ下し也けり。

子年(寛政四)の秋か八月なり。*金剛院といふ僧遠島被二仰付一、寺地はは《あ》き地にぞ被二仰付一たり。伊豆守・彈正大弼と予と此事をはからひぬ。*大奥向女中の事もあればわざとしるさず。このとき伺之上御留守居をもて老女の近親は中﨟に被二仰付一とも、御身ぢかき勤まづは不レ被二仰付一、被二仰付一候て(も)右老女は隱居可レ被二仰付一旨之御定達したり。こたびの一件に老女・上﨟・御ひろざしき・御右筆・御側坊主御暇被レ下たり。これら

御嚴明によって、かくの如く之

御果斷にてありしなり。

子のとし(寛政四・八・九)の秋御輔佐の事奉レ辭、御勝手かゝり・奧兼帶の事も奉レ辭し也。然るに

此願書は別におさめをきぬ。奧兼帶てふものむかしはなかりしが、近き比より出來にけり。已後老中格の者は被二仰付一とも本役に成りたらば、奧はかね侍らざる樣にと之御定も申上たり。御勝手かゝりも、一人にて金穀之柄をにぎり侍る事、恐多き事なれば、これまた年期を定め被二仰付一候事など御定申上たりければ、これは皆その通にと被二仰出一し也。予が願ひ入二御聽一たりしが、御手をふらせられ、今御とり放し被レ遊候ては成らせられず、無用〳〵と之御沙汰なりしと、あとにて加納遠江守(久周・側用人)申聞、感泣に及びぬ、つゐに御輔佐も御免なく、御勝手之事も御免なく、奧兼帶のみは被二御免一。(寛政四・一〇・三) されども御躬上之事には奧御錠口へも出、老女へも對談せよとにて奧兼帶同樣にその後も大奥へ出　若君樣姫君樣御目見被二仰付一し也。御輔佐御差留之せつ、御紋之御馬具拜領す。常にもち候へと之事也。されども御恩寵をうり候にひとしければ、あつく奉レ辭、再三にしてやうやく御役中時々相用ひ、御役無レ之とき子孫等はつねに用ひ可レ申にて御ゆるしを蒙り奉りぬ。

誠にこれら恐多く侍れども、千載の一期ともいふ。此とき加遠江守（加納久周）へ難㆑有さの義申遣せしを、ことに志を御感、被㆑入㆓御覧㆒たりといふ。その状之扣あらましるす。

「とり紛（れ）しみ〴〵御禮も不㆓申述㆒候。先達て御免願ひ上候せつ、同列にても御免可㆑然との伺は實に當然之義、左も可㆑有㆑之事と存罷在、伺出候はゞ、御免之義においては思召もあらせられまじき事と奉㆓存上㆒候。然る處云々御様子がら貴侯にも何となふ御咄伺候處、銘㆑肝難㆑有、實に御政事等取計も、さて〱これにては又若がへり御倚任に仕損候は、實に私之罪、さて〱難㆑有、千載一遇之御事と感泣仕候き。御手離しも不㆑被㆑遊との御事、實に私義御意に應じ候計（り）は不㆓申上取計㆒、左にて歡び候へば右は患候は、常の事にて、歡びは卽日にて盡、患は日月を經候ても不㆑已義に付、おのづから患ひ候沙汰は多き義にて、實はいかゞ思召いらせられ候哉、少々にても御疑ひ付候はゞ仕かけ候御政事殘念には候へども、もはやとても成就不㆑致義、しからば速に引き可㆑申と誠に日夜存罷在候き。一體御疑有㆑之候御疑無㆑之様にと仕候は、是亦御疑の端に相成候に付、風聞書何にても申上候様仕、御庭番等も不レ擇言上候様に仕候等は、實に御信疑は天に任せ罷在候心底にて、御信じ被レ爲レ在候はゞ取つゞき可二相勤一、少しにても御うたがひ被レ爲レ在候はゞとても出來ぬ事故、引退き瀋翰之任を擧罷在候へば、それにても一分の忠は出來候事と內心には存決罷在候は、未年(天明七)已來の事にて御座候。★然る處云々之御様子、實に生々世々難二申上盡一難レ有御義此上は何とぞ思召のひろくおし渡り候様仕度義、★★猶更心労仕候へども、不肖之義外に存つきも無之候。扨また御馬具頂戴不レ輕御品家にものこり候義にて駕籠のぼうは先祖勤筋有レ之拜領仕、牽馬之具は私拜領仕候と後々にてもとなへ候へば、即　御恩惠を永久にのこし候義、夫に付一番難レ在奉レ存候は、右御馬具、御輔佐まで勤候越中守の拜領いたし候也、さてその越中守勤かたも不レ宜いかゞいたしあの御馬具被レ下候ひしやと後々申となへ可レ申も難レ測、左候時は右によつて私之汚名を著く仕候のみならず、不當之被レ下に有レ之候と

上向之義をも可レ奉二申上一哉、此所第一に懸念愼み之一つに罷成、乍レ不レ及いかにも相應に相勤候故御倚任も甚しく、

御寵遇も如レ此と後々申候時は、始に反し候て御爲にも相成候事故、何とぞ左様に仕度と愼み申(す)一つに罷成、難レ有義に奉レ存候。是まで品々結構に被二成下一候なかにも、家にのこり候品にて候へば、家中之歡聲不二大方一、別て私は養子之義、猶更難レ有筋に御座候。右之當日にも亡夫《父》罷在候はゞ、いか様にか難レ有候はんと、憂喜取交、懷舊仕候。當日爲二吹聽一、廟所へ家老共名代爲レ勤候義にて、扨〱申ても〱申つくしがたき御事に御座候。錦を着てうすものを加ふ、滿は損をまねき損は益をうくとかも申候へば、此　御恩寵を是みよと申さん計りに直に馬にか

★　(原頭註)　付　札。

此引可レ申と申は、おい〱手を引き、同列へ任をわけ、權をわけ可レ申との義には無レ之、直に退役可レ仕との義に御座候。かね〲口ぐせの様に申候手を引き候と申は、御疑をかたく仕候には、一人之功にてはとても不レ參義、當時乘虎之勢、亢龍有レ悔之場所にて候間、其處を以て、同列へ權をわけ、任をわけ、私はすへものに成り、じろ〱と御取締りを可レ仕は、全體之心願にて、是は御信じ被レ爲レ在候段々御政事かたづき候比之事に御座候。毎々手を引き候義、御咄に申候間、此引候と申を、夫と御心得候てはちがひ候。此引可レ申と申は退役之事にて御座候。爲レ念下札仕候。

★★　(原頭註)

「此文言不レ退候御倚任之思召に應じ成功候へば、御倚任之思召をおし渡り候様仕度義に御座候」

け引きありき候ては、ひとへにうり候にあたり、見候ものども難レ有事と可レ存も可ニ有之一哉には候へども、盛をねたみ衰たるをばあはれみ候常情、殊に隠岐守(松平定國)箱くらおほひの御紋心得たがひし不首尾にて早速相止め候事も有レ之、かた〴〵に付御役中たとへ拝領に候とて、一言之謙退にも不レ及かけありき候よと申候時は、被レ下物も何とか御不當之様に唱申まじきとも難レ申、度々用ひ候様にとの上意有レ之候とも、右は御深宮之御事、もはや大目付までも右は不レ可レ存、戸説人說候事は不ニ相成一、左すれば御禮として兩三度も相用ひ、御役中まづはさしひかへ、末永く家門之光耀眉目に仕候義、亦此上之心願にて、いさゐ彈正殿へ昨日申上置候。此間中之御禮申上度、如レ此御座候。難レ有(が)り候趣、美濃殿(平岡美濃守頼長・側用人)久世殿へも御みせ可レ被レ下候折も有レ之候はゞ、御咄にも御申上られ候はゞ、猶更難レ有義に御座候へども、其義は申述がたく先早々難レ有(が)り候寸分之一如レ此に御座候。以上。

九月三日」

子年(寛政四)の冬松前志摩守より訴ふ。蝦夷之地アツケシ(釧路國厚岸)之邊へヲロシヤの人船にのり來り、十二年已前漂流せし日本人伊勢國之住、幸大夫なるものをわたすべしとてつれ來。松前志摩守へ之狀もありしとて出。ひらきみるに、ひとつは蠻字也。ひとつは本邦のかなにて書たり。松前志摩守さまへなどと書。幸大夫をおくりこすによて、江戸まで直に出、江戸御役人へわたし可ㇾ申と之事也。もし江戸へ出候事、江戸之御さし圖來三月まではまつべし、そのうへにもさし圖なくば江戸へ直にのり來るべしとの事也。文言などもよくわかりたり。只「こうたゆふ」を「こたいう」とかき、「公方様」を「くぼさま」とかきてあり。「このほくぼさまあのほくぼさまいらいは御たがひに漂流人はおくりこすべき」など之約もあり。尤獻上物・國書も持參せしとはいふなり。これによて、とり〴〵いひ合ひしがいづれたやすからぬ事なり。嚴にし給はんは時よろしからず。只禮と國法をもて事をわけさとさるべし。依ㇾ之三奉行へも一々いひきかせ談じけるが、衆評まちまちなれども大意之處は大がいおなじ。つゐに予建議して御目付兩人を宣諭使として松前へ下さる事とは成ける。此義一大建議なれば、御三家之うち、尾水兩侯(尾張中納言宗睦・水戸中納言治保)へも御談申候ところ、甚可ㇾ然處置、別て願度事候はゞ長崎へ來り候へと之義は尤と之事と被ㇾ仰也。抑この處置宣諭使松前之地へ來り、江戸へ出候事等不ニ相成ニ國法にて願度事は長崎へ來り、所之奉行之さたにまかすべし。漂流船有レ之通信通商之國といふとも、上陸之上國法にさはる事あるは、通商之船へ附して送かへす。通信通商無(カ)國之漂流人はとゞめてかへす事なし。此處深意あり。國王之書うけがたし。ゆへは通信之國にあらざればその國王の稱呼もわかりがたく候へば、この國にて敬する事かのかたにて疎慢にあたらんも計りがたし。親しきを求めて害を生ぜんをおそれて通書のさたに及ばず。此度江戸官府の人來りて宣諭す。漂流人をもと官府の人へわたすべきとにあれば、この人にわたさんもその國の王命にたがへりとはいふべからず。もし江戸へ至る之望みをもわが國法によてかなはざれば、いまこの官府の人へもわたさじといわんか。さらばしゐてうけとるべきにもあらずなど、禮と法をもてし、しゐて江戸へ來るべきなどいひてわが國法を用ひずば、たゞちにめしとらへてわが國法に處すべし。並に長崎へ來るともわが國の地かた見ゆる處はのり通るべからず。外國之船をみれば、或はとらへ或は打拂ひて、嚴にすればあやまたせじと之事也など、こま〳〵にかい付、令條として申渡、並に長崎へ來りたらば、長崎へ入來る信牌わたすべしとて、この信牌をもち來れ、並にはるぐおくり來る勞をおもひ、わが國法をもしらざればとて、こたびは只かへさるゝとて歸帆を申わたすなり。長大刀三振白さやものにて、正徳之比朝せんへ被㆑下候かたに被㆓仰出㆒、常のよりは大きなり。米百俵をたまふ。松前へ來る文は横文字はよめず、わが國之かな文に似たるはつまびらかによめず、事も通じかぬ。この返書せんに一ツ之失意を生んをおそるとて、これ又これをかへす。もつとも赤人ヲロシヤ人也三四人アツケシより松前へよび出、松前陣屋よりは猶遠く出ばりて告諭するに定む。その外處置甚くわし。

われ蠻國之事などくわしくさぐり置たるによてこたびの御用など大に益を得し也。

告諭使は正月廿二日に此地をたちて松前へおもむきたり。事くわしく手記にあり。

こゝに略す。

海邊之御備の事かねぐ予建議してすでに言上にも及び、伊豆殿(松平信明・老中)しらべられ候へなどかねていひけるに、いまにそのさたなし。しかるに赤人直にも江戸へ來るべしといふは、江戸の入海の事なり。房相二總豆州は小給所多く、城などいふものも少なく海よりのり入れば永代橋のほとりまでは外國之船とても入り來るべし。されば

尤海邊之御備は、御旗本其外迄、武備厚く相成、萬石已上に及ばねば、とても海邊計の事にてはせんなき旨くり返し申上げ置。

このときに至りては、咽喉を不レ經してたゞに腹中に入るともいふべし。しかるに三崎走水なんどに遠國奉行さしをかれしを、寶永の比被レ廢。下田之奉行を享保之比浦賀へうつされたり。その外寛永之大猷院様御代。海邊御備之事ことに御心をつくされ、北條安房守福島傳兵衞なんどに仰せてしらべけるうちに、猷廟(家光)薨ぜられてこの御沙汰止みけり。いましるものなし。しかるにこたび予建議せしに、そのときの畫圖なんどいまの福嶋もち傳へて出し。そのうへ海邊備向嚴重たるべしと、兩度ほど觸達て、時にとり見分なども可レ被ニ差遣一と達ければ、萬石已上みな手當船かずその外書付出す。力に及びがたきなんどは又伺書を出す。これにても半國ほどの御備は成りにける。紀州よりかねて　有徳院(吉宗)殿紀藩にならせられしとき漂流の御手當有レ之しとてくはしく書付出る。予がこのときとりしらべ候大意、並に處置に露たがふことなし。異國船の來りしとき、やわらかに引とゞめてめしとらへ手向ひすれば打拂ふなんどの處置也。　皆人恐悦之至御本望に候はんなど同列も予を賀しぬ。さて予かねて建議せんは房總なんどに遠國奉行を可レ被レ置にも、常は何之つとめもなければ此海邊御備御用かゝりわざ〱去年予に被ニ仰付一。後々は極めて外之奉行之老たる、又は算利にくわしからざる徒など之轉ずべき職となり、下役なんども只農夫漁夫之如く成るべし。さればせんなし、今寄合之衆のうち萬石已上之あと名跡にてめし出されしもの多かるべし。このうち之人を猶も撰て代々五位に被㆓仰付㆒、一ヶ所に兩人づゝも土着にし、千石ほどの高、少なきは御加增を被㆑下可㆑然、その下役は小普請のうち、百俵已下御目見已上を海手上番とし御役料など被㆑下被㆑遣べし。御目見已下上下格之五十俵已下を下番としてこれ又土着にす。一ヶ所に二三十人も可㆑被㆑遣。左すればそのやしきは上りて火除地のかへちとなるべし。その人も是迄數代御足高にあらざれば、御役出成りがたきものどもが、代々御役料被㆑下候はありがたく、ことに弓炮修行之間には漁業をなせば、船上之働など後〳〵はすぐるべしとくわしく言ひ出せしに、實に奇妙之建議とて人々服しぬ。尤重き御かた〴〵へも伺之上上旨伺しに可せられけり。★これによて（この建議のまへには、海船修行として御船手同心十人廿人づゝ、年々浦賀邊へ被㆓遣、漁業修行ありし。そのうへは關船みな朽廢に至りしを、御けんやくとてかゝるもの可㆑被㆓指置㆒には無㆑之とて、御修ふくさせし也。猶も建義して御鹿狩追鳥狩なんど之事はあれど御船之調練はなき也。よて引網御獵と名づけ、年々品川の海にて船之調練之義を建義したりけるに、これも上旨にかなへりけり。）この外蝦夷御とりしまりの事など追々建議せし也。（これも皆々可㆑然とて伺しに、上旨にかなへり。重き御方々も甚だ御同意と御答來りけり。）海邊伊豆之

★（原本頭註）この外くわしき事は略しぬ。

島、筥根山中等見分として、かゝり御役人巡見畢て予も見分として相こす也。この外御備向くわしくあと認ㇾ之。　別帳の手留にこれをゆづる。

予つねにはかまきて拝す。只天下泰平之事をいのり、予此重職を持して建議不㆓御爲㆒ば予をころし給ふべし。予がなせし事　神慮に應ぜずとて災を下し給ふ事勿れ。予をころし給ふとも予が妻子をころし給ふともして、天下之災を止め給へと之事、一日に大概七度八度あるは十度ほどづゝ

東照宮を念じ奉る也。されば外に心勞する事もなし。いかなる大事有ㇾ之とも、わが才力の及ぶほどは盡して、尤一々同列へも申談可ㇾ然との上旨を伺（ひ）決するなり。あしければ死すべし。生てあらんかぎりは如ㇾ此なるべければ、外にいたづらに勞することもなきなり。

建議せしに行軍守城之用尋常の費に爲す事なかれと、ある分銅天和之比出來けれども數少なしとて已來唐蠻よりわたる金銀をもて分銅に年々すべしといふ。これまた可せられ、（寛政五）丑年より鑄せしむ。已に六ツ七ツも出來たり。已來年々一ツ二ツほどづゝは鑄せしむべし。これも御勝手之御改正たちし故也けり金銀多きは諸物之直之貴く世之衰ふるはしなり。ゆへに通用金銀は

多からぬを治國之要とする也。　行軍守城もいかゞなり。征伐軍旅とこそありたけれといひて、御儒者にたづねしに同じぬ。よて伺ひて征伐軍旅とは改給ふ。

(五)寛政丑年夏同列へむかひて、當時は已前にくらぶれば御用も少し、御用多とて勤を被ㇾ省し月番上使等も今にては勤候とも可ㇾ然候へばその事申上べき筋にて候。されども拙者は段々の御取用ひに候へばおひ〳〵手隙に成りて御かげを以てとりつゞき候義無㆓勿體㆒事ながら一體之御爲にも可ㇾ然と存候段、くわしく申し、一同甚尤と被ㇾ同。依ㇾ之願書案同列へ見せ直に之を出す。尤内意願也

寫

當時御人揃之義、殊に御勝手御用も去年以來、年限かゝり被㆓仰付㆒御趣法、追々居合候に付、當時に至候ては一體御用少に御座候。必竟諸向追々御趣意相辨候故と奉ㇾ悦候。申上候も奉㆓恐入㆒候へ共、私義過分之重任殊に毎々蒙㆓　御寵榮㆒候義、冥加之至に奉ㇾ存候。其上御用多に付、夫々勤方御用捨被㆓仰出㆒病身之所以、

御威光取つゞき相勤候義難ㇾ有仕合に奉ㇾ存候。毎度重任過分之故を以て乍ㇾ恐

不レ輕義奉レ願候へども、其度々御懇之御沙汰共にて、反て　御寵榮彌遅く恐懼之義、猶相增候儀にて、冥加至極奉二恐入一可レ奉二申上一様も無二御座一候。右體御高恩之上は猶更衆に勝れ候ても御用多に相勤、

御高恩萬分一をも奉レ報度心願に御座候。乍レ然職務にも體段有レ之、張弛寛急之度も有レ之義、萬機之御政夫々所掌も有レ之尤輕重用心用力之差も御座候義にて、唯々御政事御手厚にて永久御爲に相成候様仕、難レ有　御旨之下々へ猶亦行屆、一同共和之御政事後々へも相殘候様心願仕候へ共、不行屆奉二恐入一候。然所如二前文一當時に至候ては、格別御用少に有レ之、御人も相揃申合等も行屆、夫々御手繰も宜く御座候に付、可二相成一候はゞ兼て病身之義にも御座候間、御用相濟次第、早めにも退出仕候様奉二心願一候。右之通追々重二恐懼一候上、猶亦相願候段、彌以恐懼之至に御座候得ども重御役之義は張弛寛急夫々御爲に相成候様仕度、不肖之私當否決定難レ仕候へ共、一己之不レ勤に相成候義之奉二恐入一候をも不レ顧、病身之義旁に付此段內願仕候義に御座候。此上御厚評被二成下一、宜御取扱被レ下候様相願申候以上。

松平越中守

五月廿四日

この趣に認とり伊豆守(松平信明・老中)殿まで出ㇾ之。さて一體之主意は權勢一人に歸し候は、とかく不二御爲一事。さればとて外にいたしかたもなければ、みづから今はひまになりたり、難ㇾ有事なりと、人々へ吹聴し、時おりには少し外同列よりは早く退出せば、極めて人も眼つき可ㇾ申、一體はやくと申ても、やうやく同列より御時計にて申せば、一寸か五りんかはやく退出し侍るにて、これをもて身の佚遊になり侍る事にもあらざれば、人もまた佚遊をもとむよともいはじ。また人の榮利をこのむ心からは、御用ことに多しとて、肩もて風をきりつゝ、營中をはせありくは勢ひもありてこのむものぞかし。さるにわれこそはひまなりとて、ひとり先きだちてすご／＼退出し侍るは、人の好む事にあらざれば、よも佚遊のためとて願ひ侍るとはとり給はじと、そのよしこま／＼申くだきて御聴に入しが、一寸早ければ一寸の間は評義もぬけ侍るともいふらめ、ことにわが行届ぬは侍臣もしるなり。虚賞するも無益なり、いづれ今定信引しほにし侍るは不ㇾ可ㇾ然など難ㇾ有御沙汰もありしと、あとにて密に奉ㇾ伺しなり。されども御爲とこそ存候へば、斯く恐多き事も奉レ願しなりとて、再三言上せしが、つねに七月四日願書之趣甚尤に思召候へ共今しばらく見合せ候へなどふかき御沙汰の趣加遠州つたふ。願書は伊豆殿より返されけり。そのうへはいかゞせん。されど功名の下には久しくおるべからず。況や振主の勢もまた恐るべし。天意もまたうかゞひはかるべからず。さればとて今更身をひかんも獨善にちかし。勢權を摧折するにありといふことをことにくわしく書つけて加遠州まで(七月五日)進じたりしが、はからず入二御覽一、精忠ことに御感深く、猶御考へ可レ被レ爲レ在とて御沙汰もありしとぞ。

蝦夷地は山丹滿洲ヲロシヤ之國々に接し、ことに大切之所成るに、いままでその御備なきこそふしんなれ。未年(天明七)御役を蒙りしよりして、このことに及びことに霜臺(本多彈正大弼忠籌・老中格)侯同意なりしが、そのなす所の趣法はたがひぬ。はじめは霜臺侯建義とりあつかひありしかば、予もゆづりてたゞその相談にのみあづかりぬ。すでに酉年(寛政元)蝦夷のクナジリ騒擾のときも、この機に乗じて御とりしまりあらんなどいひ合ひたれど、重き御方々を初め、これぞといふ御許しもなかりけり。つねに子年に至り霜臺侯これまで心をつくされ、見分なんどもやられたりけれど、その御備の處はこれぞと可レ被二建義ニなし。予にゆづり給はんとまことに數度いひこされたれど、この御備は後々までものこることにあんなれ。幸ひ始め建義し給ひたれば、相談はいかやうともすべしとて、その度ごとにいひたれども、のちには是非ゆづるべしと之事、その理こまやかにいひこし給へるも、やむことをゑず、つゐにその事を引うけて、まづ三奉行と御儒者にその御備のある哉なし哉之義をとふ。そのこたへまてども出ず。よてわがおもふ所をかい付けて、子十一月比にかありけん、同列へ廻したるが、いづれもことにしかるべしとて、一條の異議もなし。御けしき伺、重き御かた〳〵へも申上しに、御かん被レ成候など仰下されけり。これによつて、つゐにくわしき記し伺ひたれば可せられぬ。さてその御備てふ建義は、手記にくわしければ略す。只その境をかたく守り、蝦夷の地は松前に依任せられ、日本之地は津がる・南部にてその御備を守り、渡海の場所へ奉行所被レ建べしと之事なり。その奉行所可レ被レ建には南部・津がるの領地をも少しばかり村がへ之御さたに及び可レ然哉。左もあらば兩家舊領引かへらるるなどなげくべし。なげかばその位官を少し引立られて、その家をばとり立あらば事すみなんとの建義なり。この外松前をも少し家格御取立之事などもあり、又は松前之備向勤惰見分御救交易なんど之事もあれど、くわしくはしるさず。さて兩家へまづその引上らるゝ村々之名をしるし、その取箇を書出せと達したるに、さてこそ舊領かへらるゝ事と思ひて、家のおさなど出て事長き書付出たりけり。こゝによて、猶またかねてはかりをきたる事なれば、上旨を伺ひその事を少し出して兩家へ封書をあたへ、このたびは聊も遺念なきにあらざれば、御仁慈之御趣意蒙りしせんなしと之義を以て尋ねしに、兩家始に事かわりてことに／＼よろこぼひ、南部なんどはかへち（替地）被ㇾ下候事を辭し、たゞその地を上たきとまでいひぬ。これによつて松前へ赤人接對の御目付、かへりにその地を見分し、奉行所可ㇾ被ㇾ置處などくわしくしるして言上せよと、これまた達し侍りぬ。

　房總相豆の海は殊に江戸咽喉之地。これによてかゝり之有司其旨をふくみて巡見して、御備のあるべき地理を見分してかへりぬ。そのとき予にも巡見せよと、そのかゝりのものもいふ也。もとより上旨も在なれば、つゐに寛政五年三月十八日江戸をたちて行、それ／＼御備の場所巡見せしなり。麥などもやがてかり侍り、田も耕す比なり。況や驛路《ムマヤ》にてもなければ、ことに人をも略して行しに、ところのものども、予が巡見をよろこびて、あるはもちつきていわひ、あるは荷物なりともち侍りたきとて、外の郡々よりも人おほく集る。予が令には、多く人費をなすまじといふにぞ、その村長もことにくるしみて、有司に訴ふ。さらば願にまかせてゆるすべしといひしとぞ。伊豆は山いと多し。坂などけはしさいふばかりなし。多くかちもて行。相州にてふじを見る。高さはふじにまさるものやあると人々いふにぞ「いや高き君が恵にくらべてはちりひぢなりや雪のふじのね」とよみける。その後この歌もれて、人々もて遊びける。猶旅中の事などは爲長・惟章などしる所なれば略しぬ。御備の事は一件の自記あればこれまた略しぬ。

寛政四五のころより紅毛の書を集む。蠻國は理にくはし。天文地理又は兵器あるは内外科の治療、ことに益も少なからず。されどもあるは好奇之媒となり、またはあしき事などいひ出す。さらば禁ずべしとすれど、禁ずれば猶やむべからず。況やまた益もあり。さらばその書籍など、心なきものゝ手には多く渡り侍らぬやうにはすべきなり。上庫にをき侍るもしかるべし。されどよむものもなければ只蟲のすと成るべし。わがかたへかひをけば世にもちらず、御用あるときも忽ち辨ずべしと、長崎奉行へ談じて、舶來之蠻書かひ侍ることゝは成りにけり。

紀州之庶公子唯之進(賴德・後忠和)殿となんいふは已に上巻にもしるしたる如く英傑なり。未年(天明七)已來久しくいはざりしが、寛政五年の春越前家之亭にてあひぬ。久しく潛龍なりければにや才氣はさぞまさりつらん、されど量はむかしよりおもひしより半はまさらざりけり。同列ともいひ合ひしが、いづれ御普代なんどの地におらしめば可なるべしなど意味いと深し。幸に下總守(松平忠功・桑名侯)病身とて紀州紀州より養子にゆかれし也。より兎裘を營せよと内意ありけり。(寛政五)そのとき彼家にては、予ことしの春唯之進にあひしは、これらをみそかに談じけるにやなどうたがひ思ひしよし。戸田釆女殿(氏教)には下總家と緣ありしかば、さなんいふことにはあらざるとて、よくいひとげられしとなり。實にいかなる事にて下總守を隱居させさせ給ひしや、紀伊亞相(前中納言重倫)の御心は知らず。されどいと病身にて、營中などにても人々わらふほどなれば、そのゆへにてこそありけめ。下總守隱居、この唯之進をぞ養子に願はれ、同列おもひしごとく御普代の地には成りにける。大量之人ことに才もあれば、善く御せしめ給はゞ大に御益もあるべし。その御を失ひたらばいかゞあらん。大家なんどへ行きたらば、ことに安慮はし侍らじとぞ思ふ也。

修行録

いまいはんはいと恥しううしろめたけれども、神武の道てふ名をものこさば、人の善行の一ッにもならんかと。むかし予いとおさなきころより、わが稟受の虚薄なる事をみづからよくしれゝば、もとよりながいきすべきことなきのみか、かならず廿はこすまじくと思ひてけり。せめてこの世にうまれ得し身なれば、おさなきおりは人にことなることも得し出すべき様なし、せめてこの世さるおりだに人にすぐれてこそあらめと、朝夕にそれのみ思ひたえず、露のひまもわすれんかと危く思へば、かい付てつねにふところのうちに入置たるも、年長じても猶ありし也けり。（寶暦十三）六歳のころより年々の大病わづらひしも、ふしぎにいきかへりて、（明和八）十四の比にも大患ありしまゝにて、その後はまづ大患もなかりし也。十四のときにかありけん、*後漢書の陳蕃の傳に、「天下を淸くするの心あり」といふところをみておぼえずひざをうちて、おなじ心に合しぬるをいとうれしう思ひたるは、今もその時の心ちはわすれず。*その比はおほやけの御政も何くれと人々いひなどしけるおりなりしかば、いとゞその思ひふかくものしたりし。（安永四）十八のときに此家（白河藩主松平家）にやしなはれ行てけるが、させることもかうがへ出ず。さるに*鈴木清兵衛 御鐵炮御たんす奉行也。 といふもの柔道といふことをとなへて、諸侯にもあまたそれが弟子となりけり。予にもその門に入よと人々いへど決せず。九鬼松翁（隆邑）、その比は長門守とかいひしが、しきりにすゝめてつねに其道に入にけり。清兵衛の妙術はもとよりいふにも及ばず。劍術十何流・柔何流とかを學びきはめて、その家にいさゝか書をける神武の道を、人に教へものせんとはかりしにて、その神武の道、一子相傳とあるを人にほどこさんもいかがなりとて、明和辰年（明和九）日光御社參の御供して、神慮にかなはゞ一二年のうちにかならず弟子も多くなるべしと祈誓してけり。そのとしのうちに大名計もおほく入門してければ、神慮に叶ひしことと思ふとの事也し。げにも姫路の大守（酒井雅樂頭忠知）よりわが聞及びしにも尾侯（尾張中納言宗睦）より國持の大名も入門し、老中の嫡子などもおほく入門してけり。されどこの人學問なければにや、學問はせぬもの也などゝいへば、偏固篤實の老人、一術に達したる人よくいふことにして、それをきゝて又何かとそしるものもあれど、予はその道のふかく信ずべきことをしり得てけり。この虛薄の生れなれば、とても長生は思ひよらず。されば神となりて國家をも守護し奉るべし。さるにもこの道を修し得んと、心のうちに思ひてけり。それをしらぬものは、「何故に小道に心を盡す。」などさかしらするものも、いさむるものもありけり。その道のことはいふべからず。今にもその人の弟子のこれるが何くれと教へて、大名にもふたり三たりは學ぶよしはきゝしかど、予が聞しとは又やうかはれるやうにて、神武の事は今にてはわかるまじうおぼゆ。われその比より思ふに、わが欲にかつとても力あしふみてしのぶことはたれたれもすべし。まづかくしてのちはをのづから力用ひずしても善に入、悪に遠ざかるとはいへど、げにも今の儒書おほくよみし人も、こゝに至りてはさして人とかはらぬは、その道を得ざる也けり。まづわが五臓の偏によりて、さまざまその質もかはる事にて、それをしらずして理くつをもてせんとしては、力にも及びがたし。思ひのはるゝとつくとをわがものにして、自由に合離を盡せば外に勝負の道はなし。これら鎗劍なんどにもさまざま禪理まじへて、高妙にとくものもあれど、おほく空論にして、いかにしてわがみに得る道をしらず。自在にはなるゝときは心の底にも露のこらず、わするゝ計にならねば、はなるゝとはいひがたし。神武の道を得ずして、いかで神とならんと一筋に思ひて、體の教は、かりの設けなれど、體よりいらざれば、五臓の安置の處、呼吸の事、いかで得べきと思ひてけり。されど五臓の安置と呼吸のことは先生もいはざりしを、少しくたゝきて尋ねしにぞ、先生もことによろこばれし事をわすれず。神武の道は予にのこさんとて、さま〴〵先生も不屑の教誨までをも盡されしも今にわすれずなん。予もたゞこの道と思ひてければ、つゐには少しづゝ會得してけれど、欲にはなるゝことかたかりけり。それより朝夕のめしくふにも、嗜好のありてくはんとはしのおもむくとき、やめてくはず。さればしのぶにもあらず、實にはなるゝ事をおぼえなどするをはじめとして、萬づの事合離自在のもとをわすれず。色欲のこと人生凡情やむことなきといふは、皆欲にして、眞の情にはなきもの也。(天明三)家とくのとし、かの凶年なりければ萬事ことをはぶく。(天明四)あけのとし卯月のころかしばらくゐしめしつかひ病にてうせぬ。みな月は(奥州白河)しるかたへ行んとするに、俄にめしつかひ置たりとて、人の心根もしるべからず。*まへのつまははやくかくれ玉ひぬ。*今のはいまだ婚せざる前の事也　もとよりかたはらにめしつかひたる十六計にて容儀いとよきもありてけれど、心根はよからず。のち〳〵のところ必ずあしくなるべきことをしりてけれど、年少なきころよりかたはらに居しかば、けそうしてけり。何かとこの容色には心まどふやうに思ひし也。みな月しるかたへ行んも此事そぎたる中、おうなどつれ行べきは思ひもよらずとてやめてけり。七日の君(養父松平定邦)十七日の君(養母清照院・黒田氏)よりもさま〴〵いひこし給ひぬるうへ、田安の寶蓮大夫人(嫡母。宗武卿夫人近衛氏)予をあはれみ給ふこといとせちなりしかば、このことをきゝ給ひてさまざま心ぐるしう思ひ給ふとの事なれば、せんかたなく野川といふ老女と菊井といふ表使ただにふたりつれし也。(菊井は今のうめがか也)かの容色よきをばかたづけんとさたして、それ迄皆殘してけり。一とせ白川に居て、又明けのとし(天明五)の六月朔日江戸につきたる夜、かの女は彌かたづくに極まれど、行先きはいまだ定まらず、親ざとへさげてのちに定めなんなど聞ゆ。こよひはかのもの里へもさがらねば、いかがせんと老女のいひしを、このところもひとつの修行なるべしと思ひて、こよひはこゝにとまらすべし。一とせものもいはず、ことにこの比にわかれかへるなればとて、その夜はひとつ床に入れて、さまざま行先のこと、かたづくについての心得など、かたりつゝねにけれども、いさゝか凡情はおこらず。そのことも女のしらざることなれば、しばし情かけしが不便さに、ともにはぬれども凡情なき事などもかたりぬ。もとより廿七歳(實は二十八歳)比にやありけん。一としゝら川にて老婆兩人のみつかひゐしが、女めづらしく思ふ心もさらになかりし。これらを始として、猥雑なる事のやうなれども、人のはなれがたきこと〲は、わするゝ計にはなれて合ふも又自在なりし。禪家のたぐひ理くつにて何かと心をせむれども、氣分晴しおりは心も滯こふらざれども、氣分屈する時は別人のごとくなるものにて酒醉の勇とおなじことにて、うはべの空理の修行は皆無益也。只々今日の處にて欲をはなれんとすれば、露も心にのこらず、かゞみにあとなきごとくならざれば自由とはいひがたし。予もとより淺はかなる修行なりしかども、憂喜につきても、人事によりても、獨居のときにも、たゞ〲心にわすれず、皆心をつくせしゆへにや、このむとても心にそみてこのむこともなし。是ぞ鍾愛する調度といふものもなし。いかなる調度の類にても、人にやらんと思へば、なきものとおなじ心になりていさゝかおしきと思ふことはなし。古書畫其餘調度類かゝるめづらしきものにて、しかもさせる高料にもあらず、又かうやうのものよにおほく出べしとは思はずなどきけば、さらばかいをくべしとて、文庫におさめをくのみにて、古書畫にてもあれ、また出來べきものにあらざるは、手元にてかふべきほどのものはかい置て、まづ祝融のわざはひをのがしたきもの也。されば今の世の畫幅高料なれば捨てかへりみず。もとよりほしきとは聊も思はざるなり。右てい甚このむにあらざる故、かさねて風干のおりなどにみて、はじめてみるものありと思ふことはつね也。まして金銀の事、國家の用度はいかにもみにしみて大切なれども、わが手元の事には至ておろそかにて、わするゝ事のみ也。〔家とくのうちは、手元の金をも殘して或は表の備に入、または表にてすべき入用など手傳しは、皆手元節用して一躰の手本にする也〕(文政四)金銀ほどわするゝものはなしとみづから思ふ也。尤隱居しては手元金などは去年までは一ぱいにさへすめば事すむもの也とさたせしが、(文政五)ことしよりは上邸(八丁堀上邸)節用甚しきせつなれば殘したるにて、これも上邸へあるはかへし又は手傳せんと思へば何くれといへど、これももと金銀調度にさして心なければ、手元金人にくるゝの外は一切つかはじとするも、聊不自由とはゆめ〳〵思はず。又ほしきと思ふものは露ほどもなし。今とても金銀手につけず。手元金といふは側役のうちにて預る事也。ある日手づから可レ遣と思ふものとりよせたるが、ちと過分也と思ひてそのうちを減じ、減じたるは手筥のうちへ入てをきぬ。例のわすれはてゝ、何か反古見出すとて、手箱みれば金子あり。いかなる事にてありしやとさま〳〵考て、思ひあたるたぐひ也。かくのごときことといはゞ、修行せぬ心のうへにてはさしても思ふまじきが、われもしらずに欲に遠ざかりて、心のうち滯ることなくおぼゆる也。長生のくすしなるにや、次第に宿痛もうすらぎ、かの廿歳まではこすまじう思ひしほどなるも、はや六十餘(六十五歳)りになりぬ。只此ごろにては齢かたむきたるにや、物をあはれむ心いとせちにて、蚊などはさもなけれど、蠅などいふものもおひやるのみにて、ころすことをいときらふ。是も又一偏にてはかのあみせずの中道には背よと、つとめてしゞみなど池にはなちたく思ふ心を、わざと少しはらひてくふ也。また人のいかやうに予を害する心ありとも、聊うらむ心、いかる心つゐに生せず、はてはそのこと聞ゐても、ほどなくわすれて交るやうになりぬるが常也。むかしもかの人予をいみきらひ、しぞけんとするものもありしが、心のうちいかにも用意するがなかに、予よりうらむる心は露もなければ、交るにもさしてかはりなきをはぢらひて、先より遠ざかるもあり。又はつゐに交をあつくするものもありたり。其つみありて刑罰あつるにも、にくしと思ふ心はたえてなきは予が僻にて、心のそこにもつゆ人をうらみにくみしことはなき也。又何のやまひ得ては、こはくるしとなげく心は露もなし。むかし、はしかわづらひしが、人よりことにおもく、藩中おほくの痲疹なりしが予のごとくおもきはなかりしと也。さるに土用のうち、たれこめて升麻葛根を數貼晝夜用ひて、思ふまゝにおひ出せしかば、いくへにもかさなりて出にけり。その峠といふ日數もすみてければ、はや清解せんとて、白虎湯を用ゆ。石羔一貼に三匁づゝいれてけり。渴甚しかりければ、その日一日に十八貼のみぬ。そのひま〳〵に辰砂活石を水にてのみしほどの壯熱也。そのたれこめて風あてず、おひ出さんとするころのあつさはいふべからず。されどくるしと眞に思ふことはなし。そのうちに泰然たるもの、病苦をはなるゝこともやや出來しなり。只天より數日の閑を賜ふなりとて、心ちやすく數日ふしゐたり。かの峠とかいふ日に、府中の熟瓜を賜ふ也。こは御側御用御取つぎの人々より自筆にてこすを、又御請御禮ども自筆にてする事なれば、その日も起かへりはかまきて、御請かきしが、かきざまいかゞあらんとて、ついでにたんざくとり出て歌かゝんとするに、下句まで出來しと思へば、上の句をばわすれにけり。精神たがはねども、少しおぼろにおぼゆ。その熱のはげしさに疳氣も發せんかと思ふ夜もあり。初めのほどは、譫語いふべくありしが、心をくだしおさめてゐしなり。文政三年の夏暍病やみしが、そのおりもにはかに發熱はげしく、もゆるがごとし。必ず暍病なるべしと思ひて、みづから香雪さん《散》をふくしぬ。あけなばくすしよべとよひにいひしまゝにて、人をおこさんもさはがしければ、たゞ譫語いはじとあくるまで心をくだしてゐしが、明けの日よりそのねちはさめにけり。かゝるおりにも病苦はなるゝことなど、心に會得しけることもおほかりけり。灼艾するにも、かの法にしたがへばあつさもこと也。また吃逆など出てとまらぬにも、いさゝかむねを打すかせば、たちどころにやむ也。人のもかくして對座すればたちまちやむ。あるは鼠の天井にて板などかぢるおとのかしましきには、その法もてしかと打まもれば、鼠あしおとたてゝさるもの也。かうやうなることといさゝか會得しても、いまだ欲にはなるゝことうすし。ことに名をこのむの欲は、金銀女色よりもいとふかきものにて、この名によて善にもすゝみ、悪にも遠ざかるものなれど、それはいと淺かりけり。その名をこのむの欲には、今にこゝろよくつねにはなるゝことはいまだゑず。物に接するにも、たいするにも、をのづから中道うること、この比は少し會得するやうにおぼゆれど、かの佛にいふ般若の智にはあらで私智に迷ふがゆへに、おりにふれて中道を得ざるにも至るべし。わかきをりは記おくもよく、決斷もよかりし故に、ものに迷ふこと少なかりしが故に、人とたいして人よりいふこと一つ〳〵これは何によりてかくいひし也、こは何の心也、もとより虚實はかゞみにてらしみるごとくありし。そのことはいと事みだれしことをきゝても、この事は一とせもかゝらば事おさまるべし。初めかくせばかくみだれ、その後かくせばかくなりて、つゐにおさまるべしとあきらかにむねにうかびにしかば、こゝろみにそのことかいてをくに、つゐにたがはざりし也。今は耳遠くて人のいふこともきこえざることなどもありてければ、何となふ心のそこ徹するほどのこゝろとならぬは老ぼれにけるにやあらん。されどもいまだものにうむことはおぼえずなん。また攝生の事をいはん。まづ朝の六ツ半に起くれば、五ツ半にぬるはわかきより今に至りてもいさゝかかはらず。宴などたま〳〵なすとても、酒は酉の半ばの時にはかならず撤す。まろうどもあれども予のかたへ來りては、戌のとき過るころはかならずうながしてもかへり給ふこと也。もとより老のねざめの習ひにや、よそぢのころより寅の半ごろよりは、かならず目ざむれど人をば起さず、夜明てのちみづからよびおこしてより、こゝらの事そげたるすまゐなれば、炭おこしなどして、卯の半には起出ること也。ひるぬることなし。こたつに足のばしてあたることむかしよりなし。たゞこたつをばうしろにして、まへに机をきて物書〳〵計也。されども暑日ひるのうち庭ありかねば長日終日危坐するもめぐりあしく、心氣しづむる爲なれば午の半過より假寢し書物など見つゝ、もしねむり來ればいさゝかまどろむ。是も常の式也。未のときには又机によりて物かく也。庭は、なつのころは、髪けづりてありき、かへりて物くふ。あつからぬころは、朝めしすみて庭ありき、ひるのころふたゝび計もありき、夕つかたまたありく。なつも日かたぶくころ一たび、くれぬうちに又一たびありく。その餘三季は、ひるより日のくるるまで、四たび五たびもありく、つねなり。房事は三十の比一年半計の間もらす事なかりし。それよりやゝ壯實なるをおぼえて、一ヶ月に二度もらすのみなりし。五十ちかき比より、年に五六度もらす。もとよりわかきをりも、寒三十日、土用のうちは不婬也し。五十五六歳より女をちかつけず不婬もはや十あまりいくとせかなりぬらん。陽氣の有餘あれども婬事の情はたえてなし。其餘藥餌は年わかきときは、つねに大半唐湯を服す。年老たる今に至りては、補肝湯をふくす。三十八九の比より、さま〴〵のやまひ出來にければ、灼艾する事おびたゞし。元日より除夜までもおこたる事なし。

尤灸數は二百計なりし。かくしてもはや三十とせに近きほどなりけり。今にては、老ては、ものかはくものなれば二三日間ををきて灼艾す。旱する頃は潤雨までは灸せず。目さむれば、めしのとりゆといふものもて、こせう二三粒送下す。これは三十年近くなりぬべし。きく花をもて目をむし、又鹽をもて又むす。さるが故にや、今に至りても、眼鏡を用ゆることとなし。つねの茶は、五加茶といひて、枸杞、桑、蓮、菊、茶この五いろのはをほしてせんじ用ゆ。たばこは、ふきのはをまじへてすふ。手の痲痺をおぼえて、白牛酪を日々用ひしが、三四年にて全く治しぬ。こは清血の劑なれば也けり。おりおり今にても壽生丸用ゆることあり。寒中は必ず用ゆ。酒はつねに黑豆汁を交て用ゆ。熱毒を解し、溜飲を逐、小水を通ず。尤酒多くのま〔さ〕ず。おほくは二日をき三日をきに用ゆ。やむを得ざれば日々用ゆることもあれども、いとまれの事也。あるは胎息の法をもなし、獨導引なども怠らず。まづ六十をこゆる身とはなりにけり。

すべて物あたりするも、毒にあふも、みなしりてくふなり。しらざる時は、よしやもののなかに蜘ありたりとも、又はくひあはせなどしたるにも、眞にしらざれば、さはることまれなり。心に聊こはいかにと思ふが、いかであたらん、いかでさはらん、よしさはるとも、なでうの事かあらん、など思ひかへしてくふは、十に九つはさはるものなり。すべてもろ〳〵の悪事しらでなすものにはあらず。あしきはあしきとしれども、心の欲にかゝづらひて、はなるゝことなりがたく、さま〴〵くるしみて、そのあしきことをなす也。其あしきことつゐつねになれば、あしきにもなれて、一つ〳〵に戒愼の心も生せず、のちにはあしきともしらでなす也。又君子の修行するおり、悪事あればいとはづかしく、心にかゝり、くるしく思ふを、はげみてはなるれば、まことに賜《たまもの》えしよりもうれしく思ふもの也。よきうちにあしきことあれば人もことさらにとがめ、をのれもことさらにはづかしく思ふもの也。つゐにそのあしき事、月日つむによていよ〳〵なくなり、よき事おほく成りゆけば、それにて、げにむかしいひけん、心ひろく、體ゆるやかとは、これなんめりと思ふなり。こはわれも上達しにけりと心付ときは、はや慢心の生ぜしにて、一二段のぼりしもの、その一念にて、十段もくだりおつる也。故に、心がけざるおりのあしきは、せんかたもなし。心づきてのちよきとて慢ずるは、しりて毒をくふにひとし。その慢心いかにして發しけんと思へば、かの古より寸善尺魔とかいふごとくなることまぬかれがたき事也。修行に志淺くては、さほどには身にしまざるもの也。その慢心といふは、わがくらきよりおこる也。いかにとなれば、翁何もせねども、いまにても、みることきくことによりて、歌よむ事はいまだやまず。あらゆる歌之書みては心にとゞまらねばとて、うつしものしたるも、數はよむべくもあらず。*源氏ものがたり計も七部かき、廿一代集二部、八代集一部、萬葉集は兩度、三代集のたぐひ、さごろも、いせものがたりなどいくつか《書》きけん、忘れにけり。六家集も五度ばかんもかきにけん。それによて、歌のよきあしきも聊心にわかりぬ。よく定家の歌をいだして感じなどするものあり。實にしりたるにやいといぶかし。古のうたのよしあしいさゝか心にわかるれば、わがうたの拙さ、いはんかたもなくくるし。それをしりて、いかで慢ずる心出來ん。たゞわが歌のあしきも、定家家隆のよきも、眞にしらざるよりして、慢心も生ずる也。只慢心はわがおろかに、くらきよりのことなれば、慢心の生ずるはすぎやう《修行》の半ばにもいたらず、またよきあしきも心にわかぬ故也。これらの慢心は、人のわらひとなるまでなり。大凡よき地位にもいたらんずる比、心のくまなく、滯なくひろやかにゆたかにはれしときの慢心は、かの邪道におちいるもと也。これもまことの道にふかくいりぬれば、慢心の出來べきやうはなし。よし滯なく、ひろやかに、ゆたかなるとて、われよきと思ふはくらき也。その思ひありては、ひろやかにゆたかなりと思ふは、酒のみて勇氣の出るたぐひにてとりも直さず心のむら也。いかでこれを得しといはん。人の性は善なるものなれば、よき事をなせば、心のうちひろくして恥なきやうに思ひ、惡をなせば、ねざめ〳〵心にかゝりて、次第にくるしく思ふもの也。それが故にわが惡のくるしくはづかしさの心を、心にてなぐさめんとて、「いとあしきことをなす人だにあるを」と思ひかへして、まづその恥をしのぐ。その心から人のよきときゝては、わがよからぬ事のはづかしさ、心のをきどころなきまゝに、「いかでさはあらん、人のほめものするも、實をたゞさずしては、いかで得ん」とそしるも、わがあしき心をなだめんとて、人の惡をきゝて信じ、人の善をきゝて不〻信は、滿腔殺機とやらいひしごとくにはあらず。よきはわがよきにさはらんことをいみ、あしきはわがあしきをなだめんと思ふより出しにして、みな性善の僞なきところ也。大孝のものは、われ孝行なりといかで思はん。孝は子のつねの道にて、みづから盡さまほしく思ふを、われ孝也と、何かおもはん。

あしきことなすに、心のうちにかならずきざしあるもの也。あるはことをちよりもきざすもあり、又はきのふよりきざすもあり、そのきざすところをちりものこさず、みな打拂ふこと也。念初めに出て、行ひそれにつぐもの也。修行するものにあらざればしることかたし。

氣の寛なるも、急なるも、氣質にてあれども、そのついへなければ、さして害なし。それもよく心得てのうへは、あへて又させることもなし 孔子の、*「君命じてめせば駕をまたず」これ急なるべきことなれば、急にし給ふにて、氣質の寛急は、いまだ修行せざる前の論なりとしるべし。予むかしよりいと★性質にして、わかき時は急に過て人も難義せしこともありぬべし。年傾きてはさ

★ 原本「いと」にて切斷。「性質」以下別紙斷片。二〇一頁二行目に至る。今攷して此處に入る。

せることもなし。さてそのものいそぎする故に一代の事業わが口よりいはんは、いかゞなれど、この巻は修行の心をかけば、謙辭するにも不レ及。まづ廿七八のころより家をつぎてければ、*御宮を創めてつくり、それ〳〵御祭の式など初む。*學校もつくりて、書物も三郭のむかしの災後いさゝか殘りし計なるをとりあつめて、乏しからぬ計になしゝより、兵書をつゞり、火術の書をあつめ、茶道のこと、車輿のことまでも書をあつめ、諸役の規定心得、吉凶の內定のたぐひよりして、已にむかしは笙ひちりきみたるものもなかりしが、舞樂までなし、大曲傳をつたふものも少なからず。犬追物・歩射・騎射のたぐひ、享和の末よりは書寫をおほくなせしも追てかぞへみるべし。まして三十歳より卅七八迄は大任にあづかりて事などしげくありしことは、いふにも及ばず。致仕の前より房總の御備を蒙り、初て其制度をたてしも、事しげからずとはいはじかし。致仕(文化九)のころ迄大凡三十年に、わがなせし事、たはぶれ近き事までも、よみみるべし。まして交りひろければ、こゝのせわ、かしこの相談などに預るより、諸役の書上、文通を初めとして、事多かりしをば、心をとめて察しみるべし。武器をつくるより、さま〲調度をつくり、引泉、移石、*大塚、*深川、築地*の庭園などのたぐひ、事少なしとはいはじかし。人より乞處の書寫、法華經なども四部餘りもかきぬ。諸寺社の額も少なからず。

さて寛なるは、武斷のたらぬにて、いかゞせんとて捨をくなり。捨をきてもつゐにすむまじければ、にはかにものいそぎて心もとゞかず。しゐになすおりは、いと急なるものなり。急なればあすのことはけふなし、こんとしのことはことしになしてをけば、つまづくことまれなるを、たゞ打捨をくにぞ、その事到りて、にはかに事のありしやうに、打さはぐものぞかし。されば寛なるといふは、寛にはあらず。おこたりすさびて捨をけども、さすが良心はうせざる故、かれも捨置たり、これもいまだとげず、と心くるしう思ひて、月日をふるなり。寛なればかへりて心のびやかならずあらんかし。わがしれるもの多材なるに和學和歌よくしたり。さま〲かたるをきけば、かゝる事も編集せんとくわだて置ぬ、又は半は出來にけりなどかたりしが、いと寛なるものにて、七十餘りまでいきたるが、一色も成就せずとか聞ゆ。長生してもかひなきなど、いふ人もありし。寛なるはながいき、急なるは短生して、事業かはらぬものなどといへど、一概にも又いふべからず。

この比きけばことし(文政五)辛巳のあつさ、ひでりなれば連日のあつさ故に、人々困苦するとはいへど、日のうち物あきなふもののあり、又やねのうへにのぼりやねふくものもあり、乞子などはしのうへにひめもすゐるもののある也。さるにこの比きけば、ことしのあつさはたえかねしとて、ひるはまろゐし、筆もとらず、書物もみず、ただうか〳〵としてくらすといふもの、わかきものにもありと也。いかにしたる事に哉と思へば、心ぼそし。のちのよは猶惰弱になりて、かうやうなる事、いとましぬらん。大名とうまれしとて、人は人なり、夏の御陣といふころのあつさをも思はず、うすききぬひとへ身にまとひて、あつしくるしとて何をもなさず、日をくらしぬるは、いかなる心にかあらん。翁致仕の身なれども、朝おきて戌の半にぬるまでに、そのすべき事の定ありたり。この比まで弓ひき又はやりなどすごきなどせしが、この比はさせることはせねども、あつきとて膝くつろげしこともなし。かの庭ありくことせねば、それがために午の半過ぎより未の刻まで横臥するは、攝生のことにて、はやおきぬれば、物かき物見し、あすは何のことかきてん、何の事をしらべみんと思ふがたのし。何もなければ、かうやうなるはかなきものなどとり出して、物かく也。げにもあつきといへばまろびゐし、さむきといへばこたつにうづまり足出すなど、いまのわかき親たちのけしきみたらば、その子は、それをつねとやせん。なりくだりぬること、いはでもしるべし。

酒は、人にもよるべけれど、早くのみそむるはあしゝ。翁は盃もつこともせざりしほどなりしが、廿七八のころにや初てのみゝし。是もかの心術にては、酒のむともゑはざるべしと、覺悟して、うけの祝儀とて酒などもらひしとき、大なるこつぶをも得しかば、それにてうけてのみしを、人々初てみしこと故驚きけり。一升の餘のみても心術亂れずといひしが、はじめ也けり。それよりおり〳〵のみしが、一ケ月に二三度に過ず。その比は血氣も交り、かの修行などをもふくみて、ゑはざることなどをこゝろみしが、おほくのみては、よき事はあらざりけり。次第に盃もちいさくしてけり。五十半ころよりは猶酒氣を減じ、大豆汁をいれてのむも、心ちよき時は、一日置、二日置也。この比少し中暑すれば、はやめしくふ事平にかはらねど、肉と酒はいまに禁ず。翁は六十にては、七十餘りの身と思はねば、かならず害あり。わかきおりも三十なれば四十、四十の比は五十と思ふやうにありしが、それにて稟受の、人にこえて薄にしては、六十をもこえにけりとしみ〴〵思ふ也。

か《ママ》は計心の修行せしを、子にも孫にも傳えまほしくおもへど、かならず行末又害も出來るべし。とかくに修行して、少し心にゑしと思へば、はや自らおふて、かの唯我獨尊とやらんといふやうになり、人をみくだし、或は人となり豪氣のものは、猶それに乘じて、血氣を以て道をみだしなどして、はて〳〵は、かならず害を可㆑生。この道師なしとても、志だにたちたらば後々とてもうるものあるべければ、その事は教へず。われ今少し得しとても中々これにて事たるにはあらず。是より修行猶せば、少しは道を得んと思ふ計なれば、又おしゆることもいまだ自得せざる也。かの清兵衞とても、つゐに今にてははや四代にもうつれば、とり失ひたる事などおほくおしゆるとかやきけり。されば只我六十餘りにても、修行する事をかきのこすは、後裔志をたてよといふ教にて、いさゝか自負する事にはあらず。

神武の道といふは、かたちの教也。この事はこゝかしこにかいをけり。花月双紙にもにほはせぬ。よくかゝるものかかることを近比なしぬといふを、ひじりのことはりなどいかにいひてもいさゝかもきゝいれぬものなり。さるはまよひのもとをひらくときはをのづからひらくもの也。

已にこのころにはかに夫婦中あしくなりて、つまはかへりてんと思ふことせち也。こはいかなる事とさま〳〵心をつけてかうがへみるに、邪うするものあるべし。それによりしやまひ也。まづひきめをなし、よきくすしによくいひふくめて其疳氣にこりたるをさばき、その上にてよく〳〵利がい《害》いひたれば、たちまち心をかへしていとよくなりし也。

かの調息馬乘の傳のごとく馬のくせは五臓の變より出る也。その五臓をとゝのへば、くせはをのづから直るといふ。よくこれら心をひそめて考ふべし。小人の邪氣のこりたるは、いかにとくとも明處なければいるべからず。されども君子のうちにありて、有道の朝にたつときは、その姦邪の術も出來ねば、みづから身を全くおふる也。治時の能臣、亂時の姦などゝもいふ也。

しげるとていとはじものを八重むぐらこれも緑の春雨のそら

*文政五年

もとの心の巻をかく。

家流兵書末書迄ことごとく去年夏秋とかけて、皆改。「可レ見。」又は「心にまかすべし。」「必みるべし。」などしるし置。神器の備の傳書をかき、戎政、茗話、鈐録、國恩録の類可ニ必見一の分、頭書等も去年みなしるす。

家流外書之書をあらはす。

文政五年正月十日比より又源氏物がたりをかく。是にて七部なり。御歌所へ奉れといふものあればかきはじめぬ。

わがかねての本意は、房總御備隨分つとまりし事故、持こらへ候うち必らず異船騷擾《ママ》あるべし。中々在府の大名一人にても御用立ものあるべからず。其節力を盡せば是非功名すべし。そのせつに至りて、此上人數を失ひ候てはと、たもちし事を歎、恩賞にかへて舊領を可レ願素願。しかる處、人數配手薄を申立、新築か近頃城地かへに願旨白川決定、新左衞門來る。されども不レ寄レ心なれども、此方身後に至り候て、御備場如ニ只今一持こらへがたかるべき旨云々深意をもまたいふ。さらば天次第と願ひしも（決て出來申候まじく、乍レ然願ひの事あるも世わたる道也。さらば勝手にすべし。願主には決てならずといひ聞す）はや四年。去夏の比忍領はいかゞとの事。忍領は狭隘、とても家中安心の地にあらざるを以て辭す。つゐに佐倉度々朝議。今更所かへ難レ被レ仰哉の旨にてつゐに因循す。されども又來夏必ず異船可レ來。此處にて又もやうかはるべし哉、いづれ天と思案す。只々神となりて、國家を守護せん事をのみ庶幾す。故に此願ひ可二成就一してもいさゝか心中の底も動くことなし。只房總の御備手うすになる計は實に可レ歎。

午（文政五）十二月七日認

文政六年三月五日目覺るころより、にはかに言語蹇澁之如かりしも。聊も心にかけず、人にもいはで、その日はかねて上のへ行事を定めたれば、五半に出て行、花見るにも聊心にかゝらず。されどもものいふことはいとむづかし。中風に有るべけれ。この比酒氣のこる事を二日の夜半はじめてしりぬ。さらば胸中に水飲ある故なるべしと思へば、東圓院にてさま〴〵酒肴出したれど、盃は手にとりしのみにて聊ものまず。かへりてみれば、くすし居たればみせぬ。上逆つよし。さふらんをふり出してのむべしといふ。尤なればこれは隨ふ。その心のうち聊も其やまひ心にかゝる事なし。もとよりその日神佛へたいして、かの國家の事を念ずるおりにも、つゆもちりもその事心にうかぶ事なし。うかまざるはといへば、われこのやまひにかゝりて國家の不幸となる運ならば、やまひいゑしとても何かせん。われいきて國家の爲にならば、此やまひいゆべし。國家の爲にもならぬみならば、もとよりおしむ命にもあらず。たゞみづから害する事はせず。かく養生して得し病ならば、これ又天と心の底の底より思ひ居たれば、露も心のうごく事なし。酒あしからんと思へば、たゞのまで、人事を盡してみる也。あけの日伯民(南部伯民)みれば留飲の病といふ。藥をとひてのむ也。その日右京大夫(眞田幸弘)淡路守(前田利靜)來り給ふ。いづれもたまさか來りし人にて酒徒なれば、き給ふよりかへさまで酒などのみ給ふが、翁は盃とりしにも二三度にて、たゞにほひかぎてのみゐしがはたしてけふは半治しぬ。治しては何もいふべき事なし。世の人頭痛す、痔おこりしとて、神佛に祈誓するものあり。いとおろかなる事にて、何のいはれをしらず。翁の神佛にむかふは世の人とはことなる也。神佛に誓ひてもわれいつはりはかゝざる也。はじめてこのやまひおもりたらばと思ふほどの病得し。はじめてわが心の底われしれり。故にこゝにしるす。

註

【宇下人言】

二四頁 種姫君――宗武の第六女子。卽ち定信の妹。はじめ、ふさ姫。母は山村氏。明和二年生る。安永四年十一月朔將軍家治の養女となり、同七日内城に入る。天明七年十一月二十七日紀伊中納言治寶に嫁す。

〃 大塚大助孝綽――享保四年七月二十八日生る。字は子祐。もと近江の人。父は嘉保。子祐はその三男。延享五年田安家の大番となり、後近習番・小姓に遷り、治察の時、近習頭となる。好學、詩を能くし又射に長ず。殊に宗武の典故攷究には、側にありてよくその補佐をなし、又宗武の諸公子の敎育に盡瘁した。天明七年進んで番頭となり、寛政四年七月十八日卒。東京都文京區小日向二丁目の道榮寺に墓がある。銘は定信の撰。

二五 自敎鑑――人倫の道をはじめ、人君のつとむべき大意を記し、自戒及び同志童形の心得とせしもの。原本家藏。(「樂翁公遺書」「春の心」所收)

二八 水野爲長――左内と稱す。萩原宗固の二男。寶曆元生。後水野家の養子となる。田安家の附人たり。年十七の時當時十歳であった賢《まさ》丸(定信)の側近となり、安永三年定信が松平家に引移る時、その近習として之に從ひ爾後年七十六で下世する迄、その側近に侍した。和歌を好み、又書をも能くす。

二八　後漢書——巻九十六、陳王列傳第五十六陳蕃傳。「陳蕃字中擧。汝南平與《ノ》人也。祖《ハ》河東《ノ》大守。蕃年十五。常《ニ》閑二處一室一《ニ》。而庭宇蕪穢《タリ》。父《ノ》友同郡薛勤來《リテ》候《ス》レ之《ニ》。謂《テ》レ蕃《ニ》曰《ク》、孺子何《ゾ》不《ルト》三酒掃《シテ》以《テ》待《タ》二賓客《ヲ》一。蕃曰《ク》。大丈夫處《スルヤ》レ世《ニ》。當《ニ》レ掃二除《ス》天下《ヲ》一。安《ゾ》事《トセンヤ》二一室《ヲ》一乎。勤知《リ》三其有《ルヲ》二清世《ノ》志一。甚《ダ》奇《トス》レ之《ヲ》。」

二九　索道——狩野派の畫家。享和二年六月十四日歿。京都七本松下立賣北に墓あり。

三一　近衞内前公——准后前關白太政大臣。定信の嫡母寶運院は内前の姉に當る。天明五年三月二十日薨。年五十八。

三八　霞の友——「樂翁公遺書」所收。

三九　古史逸——泰平の人君務を怠ることを痛感して、一諸侯を假設し、人主の常病を述べて以て自戒せるもの。自跋によれば安永八年十月の作。今家に寫本を傳ふ。

〃　求言錄——人君となつては臣下の諫争を容るるを專となすべきなれば、直言を求めん爲に、經史より諫争のことを抄出し、門部を分ちしもの。七卷全三册。家に版を藏す。自序によれば安永八年正月の作。

〃　難波江——「樂翁公遺書」所收。

〃　松肥州侯は予が甥云云——鍋島肥前守治茂。母は田安宗武が三女淑姫、卽ち定信の姉。

四二　國本諭——民は國の本たるを論旨とし、泰平の人君下情に通ぜず、苛斂を事とし、奢侈に安んずるの弊を痛論せるもの。前編三册。附錄三册より成る。原本端本及び寫本家藏。「樂翁公遺書」、「春の心」に收む。

四六　正名考——唐土をさして唐といひ漢といひ、又中華といふなど、その名正しからざるを論じ、諸説を擧げて考證し、須く名義を正詳にすべきを論ず。自筆本、寫本家藏。「樂翁公遺書」所收。

〃　修身錄——今寫本を家藏す。「樂翁公遺書」所收。

〃　政事錄——今傳はらず。

五三　鈴木清兵衛——邦教《たか》。初め員逸《かずとし》、是七郎、清兵衛と稱す。享保七年生る。寛保元年父重睦の遺跡を繼ぎ、はじめ天守番、ついで勘定奉行。ついで安永二年十二月三日御鉄砲箪笥奉行に轉じ、天明八年五月十五日西城裏門番の頭となる。寛政二年八月十二日死す。年六十九、法名は了達、東叡山の現龍院に葬る。雙鯉集（定信に到來せる書簡集）には彼の書簡一通を收め定信之に頭書して曰く、「鈴木清兵衛邦教善《クス》二柔道《ヲ》一。門下三千人。諸侯之學《ブ》レ之者亦三四十人《ナリ》。皆屈《シテ》二侯伯之尊《キヲ》一、以敬二事《スニ》之一。其執《リ》レ贄《ヲ》習《フ》レ業《ヲ》者、日《ニ》輻二輳《ス》于門《ニ》一。然《レドモ》麟角風嘴世倘或《ハ》議《ス》レ之《ヲ》。予尊《ンデ》而師二事《スニ》之一。人甚《ダ》疑《フ》レ之《ヲ》。嗚呼疑《フ》レ之《ヲ》者果《シテ》其《レ》智乎。門下俟《ツ》レ之者《ニ》不レ爲《サ》レ不《ト》レ多《カラ》矣。果《シテ》其不《ル》レ智《ナラ》乎。學而疑《フ》レ之《ヲ》者《ハ》、食《シテ》而不《ル》レ知《ラ》二其味《ヲ》一者也。不《シテ》レ學《バ》而疑《フ》レ之《ヲ》者豈足《ランヤ》レ論《ズルニ》乎。吾尊二信《スルコト》之《ヲ》一如《シ》レ此《ノ》。豈徒《ナランヤ》乎哉。」

五六　兩役……勘定頭云云——今左の自筆家藏す。兩人心得、月番心得規定、老分心得、奉行心得規定、大目付心得、横目心得、兩役規定、郡代心得、留守居心得、用人心得規定、側役小納戸心得、小姓心得、守奥付心得。

五七　了照院殿――松平内膳定富、松平家第三代定重の第四子、立てて世子となすに、未だ封を嗣がずして貞享十三年十月十日卒す。年十五。

六〇　荒川の家――藩祖定綱は松平隱岐守定勝の三男、慶長元年五歳にして荒川次郎九郎の養子となる。荒川家は三千石を領せりといふ。同四年次郎九郎伏見在番中に卒するも、家康は定綱成人の後新に領知を立てしむべき特旨によりてこの家を繼がしめず、後慶長九年下總國山川に新たに五千石を領せしむ。翌年從五位下越中守に任ぜられ、累進して伊勢國桑名十一萬石を領す。

六五　湯本村――岩代國會津郡。今福島縣岩瀨郡にあり。

〃　山手四ケ村――今の岩瀨郡西鄕村地域。那須高原地帶にして水田少し。

〃　講義――大學經文講義四册は今天明六年の寫本（近臣某々の筆）にて傳はる。「樂翁公遺書」所收。

〃　歸秋風――天明五年白河へ歸城の時、姉鍋島信濃守重茂の室淑姬《すゑ》（圓諦院殿）が殊に名殘りを惜しんだので、姉の風流を好むがまゝに、白河の珍しき事ども書きとゞめて贈つたもの。「樂翁公遺書」所收。

八一　尊號之事――所謂尊號事件。第百十九代光格天皇は閑院宮典仁親王の御子におはしました。天皇は御生父に太上天皇の尊號を上らんと思召され、叡慮を幕府に傳へしめ給うた。定信は事の重大なるにつき、愼重に先例を稽考して熟慮した結果、名分を重んじ、尊號宣下の然るべからざる儀と謹んで奉答いたし、主上の御嘉納を辱うした。この事件は寛政元年二月に起り、前後五年の久しきに亙り、寛政五年三月に至りて漸くに終結した。

一一三　山下幸內上書――享保六年八月將軍吉宗令して每月二日十一日二十一日評定所の門前に匭函（目安箱といふ）を置き、武家を除く一般民衆の上書を投入するを許した。時に青山久保町に住む山下幸內といふ浪人が上書をなし、題して武門大和大乘といふ。直言して頗る傾聽に値する內容のものであつた。寛政二年正月定信は山下幸內の上書、並に去冬十月自ら著すところの物價論を同列に廻付してその意見を求めた。（「樂翁公遺書」「日本經濟叢書」所收）

一一七　物價論――前項參照。（「樂翁公遺書」「日本經濟叢書」所收）

一二五　爲長なんどきゝ及びし云云――今雜記十八册を家藏す。之は水野爲長（前出）が、定信の執政となるや各方面より聞き及んだ風說雜話の類を、一切書き記して定信が施政資料に上りしもの。この中に屢〻定信稱譽のことが見える。

一三六　正德御新令――我が正貨の海外に流出するを防ぐ爲に幕府は屢〻令を發して、長崎における支那、和蘭の貿易額を制限した。正德五年支那船一年の船數を三十艘、銀高六千貫目（內銅三百萬斤を渡す）、蘭船は一年二艘銀高三千四百貫目（內銅百五十萬斤を渡す）に限り、來年より行ふと令した。これを正徳の新令といふ。

一五七『はし板引はなしたり』——源平盛衰記巻第十五宇治合戰「……其間に宇治橋三間引て衆徒も武士も宮をぞ奉二守護一。」

〃　古撰集——新古今、太上天皇「はしひめのかたしき衣さむしろに待つ夜空しき宇治のあけぼの」以下、續拾遺、續後拾遺、新千載、新拾遺、新後拾遺、新續古今集等に出づ。

一六〇　金剛院——德川實記（文恭院殿御實記）寛政四・八・廿二「高野學侶方金剛院眞隆の事をもて老女梅の井役放たれ、表使瀧野、右筆みさは、共に暇下され、家門連枝の奉公を停められ、御伽坊主榮三は職放たれ、また老女高橋は職とかれ致仕命ぜられ賜祿はすべてそのまゝ下さる。金剛院眞隆は遠流に處せらる。」

【修　行　錄】

一八一頁　後漢書——『宇下人言』註二〇八頁參看。

〃　その比——明和八年の頃は田沼執政時代である。明和六年八月田沼意次老中となる。

〃　鈴木淸兵衛——『宇下人言』註二〇九頁參看。

一八四　まへのつま——白河藩主松平越中守定邦の女峯。はじめ榮と稱す。母大塚氏。安永五年五月二十三日結婚。天明元年十一月十六日卒。年二十九。法謚靜德院。

〃　今のは——伊豫大洲藩主加藤遠江守泰武の女隼。天明五年六月二十九日婚。至誠院と謚す。

一九五　源氏ものがたり計も七部かき云云――享和三年十二月よりはじめ翌文化元年十月寫了の第一次本より文政五年正月にはじめ同八月に寫了の第七次本に至る。

一九七　君命じてめせば――論語郷黨第十。「君命召《シテセバ》 不《シテ》レ俟《タ》レ駕《ヲ》行矣。」

一九八　御宮――天明四年十一月二十八日白河城内に鎭國殿を建てて藩祖定綱の靈を祀る。

一九八　學校――寛政三年白河城下會津町に在來の學問所の規模を擴張して立教館を建つ。

〃　大塚の庭園――今の文京區大塚にあった抱屋敷で六園といふ。春・秋・百草・集古・攢勝・竹の六園より成る。

〃　深川の庭園――深川入船町の下屋敷。松月齋といふ。

一九九　築地の庭園――いま東京中央卸市場のあるところ。下屋敷。面積一萬七千餘坪にして浴恩園といふ。文政九年致仕の年四月十一日此處に移る。

二〇三　もとの心――教訓的ないはば道歌風の歌をあつむ。「山に世をのがれむよりは久方の空に我身を捨てつべらなり」以下を收む。奥書に「おり〳〵よめるがなかに、いとかたくなになりて歌ともいひかたきを、たはふれに　かいしるして、たはれ草となん名つけぬ。文政五つのとし、む月二十一日。　風月翁」とある。「春の心」所收。

寛政改革と『宇下人言』

山口啓二

松平定信の寛政改革については、当時からさまざまな評価がなされてきた。田沼意次《たぬまおきつぐ》の「悪政」と天明の大飢饉という未曾有の大天災によってひきおこされた政治的・社会的危機に際して、一七八七(天明七)年六月老中に就任した定信は、「文武両道左衛門世直殿」として士民上下に迎えられたが、その強権的な改革政治は、かれらの不満をかきたてることになった。大田蜀山人の「世の中にかほどうるさきものはなし、ぶんぶというて夜もねられず」という狂歌や、「白河の清き流に魚住まず、濁れる田沼いまは恋しき」という落首の類はさておき、はじめ定信に上書して田沼を糾弾した旗本植崎九八郎までが、やがて筆鋒を定信に向け、「世を安んずべき深意の会得」もなく、苛斂と抑圧の権力政治に堕していると攻撃するにいたった。

また、定信は、改革政治を強権的に遂行するためには、権力自体の姿勢を正すことを要求し、緊縮と名分を強調したが、いわゆる尊号一件と大御所問題をめぐって、幕府権力の内部からも疎まれることになった。すなわち、定信は、光格天皇が実父閑院宮典仁《のりひと》親王に太上天皇の尊号を贈ろうとしたことに反対し抜いたが、このことは、定信を推挙した一橋治済《ひとつばしはるなり》(将軍家斉の実父)を大御所として西の丸に迎え入れたいという将軍の希望にたいする、定信の強い拒否の意思を暗に示すものだったからである。定信は、このような雲行きをみてとってか、一七九三(寛政五)年五月、将軍補佐役辞退を願い出た。これは一旦は慰留されたが、ロシア使節に回答を伝えるべく根室に派遣した使者の帰府を待ちつつ、江戸近海の海防計画の立案に着手したところで、七月、突然将軍補佐役だけでなく老中をも免ぜられた。

定信は、老中免職後間もなく筆をとった『退閑雑記』のなかで、「予の願つゐになりて大任をゆるされたるが」と述べているが、老中免職の経緯は、むしろ不本意な罷免であったことを物語っているのであって、同じく『退閑雑記』のなかで、「あの人は潔き人なり、我なすところをつくして時にあはざりしかば、つかへ致してけり、または君の気色蒙りけるが、その身において恥べき事なければ、いとこゝちよけれなどいふは、忠臣の心尽さざるなり。」などと記しているのは、当時においても、定信の免職について、とかくの風評が流れており、定信自身も無関心でいられなかったことを示しているように思われる。

『宇下人言』は、定信の側近田《た》内親輔《うちちかすけ》がその見返しに記した解題によれば、「そのかみ、さる御方の御ねがひによりて」書いたものということであるが、自叙伝を書くことによって定信は、自分の改革政治にたいするとかくの世評にこたえる場を見出したといえよう。一体、自叙伝なるものは、自己の人格形成と生涯の事業について自負と反省の念にかられ、自己が生きた社会について関心と批判を抑えられない自覚精神の所産といってよいが、定信が、徳川氏の一族に生まれ、将軍補佐役として幕政を専断した人物でありながら、「さる御方」の慫慂によってではあれ、ともかく自叙伝を著わしたということに注目したい。すなわち、定信が自叙伝を著わしたこと自体に、筆者は、農・工・商や下級武士の間に、田沼の「悪政」を批判して幕政改革を求め、さらに、定信の改革政治が幕政の強権的再建にあることを見てとると、それにも批判を集中するというまでに、反封建的な自覚精神が生長していたということの、定信自身における正と負の反映を見るのである。

定信は、一七五八(宝暦八)年に生れ、一八二九(文政一二)年に死んだが、定信の生きたこの年代は、幕藩封建制の諸矛盾が、天明期の最初の危機を激発させながら、深まっていった時期であった。封建社会の土台である自然経済は、農村における商品生産の展開に伴って変質を進めていた。領主階級は都市生活のなかで、いちはやく商品貨幣経済にとらえられ、その物質的欲望をみたすために、財政収入増加の政策を追求した。てっとりばやい貨幣悪鋳政策は物価騰貴と経済混乱をひきおこし、年貢増徴は農民の抵抗をよびおこした。すすんで商品貨幣経済に財源を求め、株仲間商人と結托して冥加・運上を追求すれば、汚職と腐敗がはびこった。産米増加をもくろんで多産種の晩稲を奨励すれば、冷害や病虫害をまねき、大河川流域の新田開発の結果は風水害をよんで、凶作・飢饉を続発させた。商品生産の担い手となった農民は、在方商人を先頭にして商業の自由を要求し国訴をおこした。商品貨幣経済の浸透をうけた農村では、農民層の分化が急速に進行し、増大する水呑層や没落する本百姓層の要求に根ざして、村方騒動や百姓一揆が頻発した。潰れ百姓の流入による都市下層民の増加によって、凶作・飢饉に際しては都市に打ちこわしが勃発した。このような社会的緊張は、知識人に影響を与えずにはおかなかった。武士の支配する「法世」を排し、万人直耕する「自然世」を求めた安藤昌益の思想を最左翼として、儒学における朱子学批判の諸学説、「漢ごころ」の支配から「大和ごころ」の復活を説く国学、蘭書を通じて西欧の科学を学ぼうとする蘭学など、封建的支配思想や学問主流に盲従しない批判的な諸思潮や、科学的実証精神が展開してきた。

同時に、この年代は、ヨーロッパ資本主義の波頭が日本の海辺を洗いはじめ、鎖国体制の矛盾が激化していった時期でもあった。すなわち、一八世紀後半に開始されたイギリスの産業革命、そしてアメリカ合衆国の独立とフランス大革命に結実する市民社会の発展、これらの基盤の上にヨーロッパ列強は、新たな植民地獲得・市場開拓に乗り出した。そして、一方では、後進ロシアの重商主義的なシベリア・北太平洋進出となり、他方では、キャプテン・クックやラ・ペルーズの太平洋探検航海をへて、太平洋捕鯨業や広東貿易の展開となり、やがて日本開国への外圧にまで高まっていった。さらにそれは、商業の自由を求めはじめたわが商人たちが、鎖国体制を桎梏と感じ、禁を犯して密貿易に従事し、あるいは植民地貿易の巨利を求めて蝦夷地に進出していったことと対応しており、蝦夷地における日露両国商業資本の接触として開始されたのであった。

これら内外の諸矛盾の深化を強権的に防ぎ、幕藩体制の護持をはかることこそ、松平定信を将軍補佐役にかつぎ出した幕藩支配層の期待であったといえよう。田安宗武《たやすむねたけ》の子として才能をうたわれ、白河藩主として天明の大飢饉に敏速に対処し、かえって藩政の建直しに成功した定信は、その期待にこたえるだけの自負を抱いていた。そして定信が断行した寛政の改革は、その期待と自負に背かなかった。

定信は、田沼派吏僚の更迭・処罰によって綱紀粛正をはかるとともに、同志の改革派譜代大名グループを老中・若年寄に集め、三奉行その他の重職に人材を登用し、幕政改革の主体勢力をつくり上げ、さらに、幕閣の月番制に代って、定信を首班とする合議制を採用し、改革派の政治力量を集中・発揮できるようにした。また、従来役職者が辞任・転役の際、在任中作成した公文書類を持去ったのを改め、必ず後任者に引継ぐようにし、行政の責任と経験の継受をはかった。この閣議制と公文書引継制とは、将軍側近人脈の専横と、それによる腐敗とから幕政を救い出し、改革の成果を定信の失脚後も持続させる制度的保障となった。

定信は、幕府財政を破綻から建直すために、徹底的な緊縮政策を断行した。三年間の厳重な倹約令実施のあと、幕府財政を田沼以前の安定した状況に恢復させる再建計画を策定し、緊縮政策を継続励行した。しかし緊縮財政だけでは幕藩封建制の諸矛盾の深化・激発を防ぎ止めることはできない。定信の改革は、一そう根本的な問題に向けられていった。第一は農業政策である。すなわち、年貢減免で農民に譲歩しながら、都市流入人口を出身村に送り返す「人返し」や出稼制限で農民を再び土地に縛りつけ、畿内農村で早くから展開した菜種・綿作等のほかは商品作物を制限して自然経済の維持をはかり、代官・手代・手附の商行為を禁止し、名主(庄屋)惣代制を設けて地方《じかた》支配の新たな貫徹を期した。第二は商業政策である。すなわち、米の買占や酒造の制限、米相場の公定、株仲間特権商人の市場独占の制限、江戸の新興商人の「米方御用達」・「勘定所御用達」への登用、年貢納入を請負い農民に寄生する納宿《おさめやど》の制限、知行米・扶持米の換金を請負い旗本・御家人に寄生する札差に対する棄捐令等、商業統制の再建をはかった。第三は封建的社会政策である。すなわち、備荒貯蓄のため、大名・旗本に一万石に五〇石の囲籾を命じ、江戸町に町入用の節約額の七割を積立てる七分金制を実施し、困窮者の救済・貸付に当てさせた。また江戸の浮浪人を石川島の人足寄場に収容し、佐渡金山の排水労働等強制労働に従事させた。第四は対外政策であり、長崎貿易の制限、対露防衛第一の蝦夷地対策、そしてロシア使節根室来航に際しての江戸湾防備を中心とする海防政策に見られるように、ヨーロッパ資本主義列強の極東進出という新たな国際情勢のもとで、幕藩体制の一環としての鎖国体制を守り抜く政策がとられた。

以上のように幕藩封建制の諸矛盾の深化をなんとか押し止めようとする政策は、あらゆる人間的な活動に対する統制抑圧を伴った。それは、衣服から行事の一つ一つにいたるまでの取締り、洒落本から林子平の海防書にいたるまでの出版統制、さらには湯島聖堂の講義に朱子学以外の諸学説を禁止するという「異学の禁」にまで及んだ。

定信の改革政治は、幕藩封建制の諸矛盾の深化を強権的に防ぐことを歴史的課題としているかぎり、このような統制抑圧の政治に陥らざるをえず、そのことが結局、定信自身を失脚せしめる結果となった。しかしながら、それはまた、田沼の「悪政」と未曾有の大災害とからの救出を求める農・工・商や下級武士の要求をみたすことなしに、進めることはできなかったからこそ、定信の失脚をこえて、その後三十年におよぶ幕藩体制の相対的安定期を出現せしめたのであった。自叙伝「宇下人言」のリアリズムには、このような寛政改革の歴史的性格の反映があるといってよかろう。

一九六九年八月

宇下人言《うげのひとこと》・修行録《しゆぎようろく》

1942年6月25日　第1刷発行
2020年2月6日　第10刷発行

著　者　松平定信《まつだいらさだのぶ》

校訂者　松平定光《まつだいらさだみつ》

発行者　岡本　厚

発行所　株式会社　岩波書店
〒101-8002 東京都千代田区一ツ橋2-5-5

案内 03-5210-4000　営業部 03-5210-4111
文庫編集部 03-5210-4051
https://www.iwanami.co.jp/

印刷 製本・法令印刷　カバー・精興社

ISBN 4-00-302212-2　　Printed in Japan

読書子に寄す

――岩波文庫発刊に際して――

岩波茂雄

真理は万人によって求められることを自ら欲し、芸術は万人によって愛されることを自ら望む。かつては民を愚昧ならしめるために学芸が最も狭き堂宇に閉鎖されたことがあった。今や知識と美とを特権階級の独占より奪い返すことはつねに進取的なる民衆の切実なる要求である。岩波文庫はこの要求に応じそれに励まされて生まれた。それは生命ある不朽の書を少数者の書斎と研究室とより解放して街頭にくまなく立たしめ民衆に伍せしめるであろう。近時大量生産予約出版の流行を見る。その広告宣伝の狂態はしばらくおくも、後代にのこすと誇称する全集がその編集に万全の用意をなしたるか。千古の典籍の翻訳企図に敬虔の態度を欠かざりしか。さらに分売を許さず読者を繫縛して数十冊を強うるがごとき、はたしてその揚言する学芸解放のゆえんなりや。吾人は天下の名士の声に和してこれを推挙するに躊躇するものである。このときにあたって、岩波書店は自己の責務のいよいよ重大なるを思い、従来の方針の徹底を期するため、すでに十数年以前より志して来た計画を慎重審議この際断然実行することにした。吾人は範をかのレクラム文庫にとり、古今東西にわたって文芸・哲学・社会科学・自然科学等種類のいかんを問わず、いやしくも万人の必読すべき真に古典的価値ある書をきわめて簡易なる形式において逐次刊行し、あらゆる人間に須要なる生活向上の資料、生活批判の原理を提供せんと欲する。この文庫は予約出版の方法を排したるがゆえに、読者は自己の欲する時に自己の欲する書物を各個に自由に選択することができる。携帯に便にして価格の低きを最主とするがゆえに、外観を顧みざるも内容に至っては厳選最も力を尽くし、従来の岩波出版物の特色をますます発揮せしめようとする。この計画たるや世間の一時の投機的なるものと異なり、永遠の事業として吾人は微力を傾倒し、あらゆる犠牲を忍んで今後永久に継続発展せしめ、もって文庫の使命を遺憾なく果たさしめることを期する。芸術を愛し知識を求むる士の自ら進んでこの挙に参加し、希望と忠言とを寄せられることは吾人の熱望するところである。その性質上経済的には最も困難多きこの事業にあえて当たらんとする吾人の志を諒として、その達成のため世の読書子とのうるわしき共同を期待する。

昭和二年七月

岩波文庫の最新刊

大岡信・谷川俊太郎編
声でたのしむ 美しい日本の詩

詩は本来、朗唱されるもの――。万葉集から現代詩まで、日本語がもつ深い調べと美しいリズムをそなえた珠玉の作品を精選し、鑑賞の手引きとなる注記を付す。(2色刷)〔別冊二五〕 本体一一〇〇円

多田蔵人編
荷風追想

時代への抵抗と批判に生きた文豪、永井荷風。荷風と遭遇した同時代人の回想五十九篇を精選、巨人の風貌を探る。荷風文学への最良の道案内。〔緑二〇一-三〕 本体一〇〇〇円

柳井滋・室伏信助・大朝雄二・鈴木日出男・藤井貞和・今西祐一郎校注
源氏物語(七)
匂兵部卿―総角

出生の秘密をかかえる薫と、多情な匂宮。二人の貴公子と、落魄の親王八宮家の美しい姉妹との恋が、宇治を舞台に展開する。「宇治十帖」の始まり。(全九冊)〔黄一五-一六〕 本体一三八〇円

ヒューム著／犬塚元訳
自然宗教をめぐる対話

神の存在や本性をめぐって、異なる立場の三人が丁々発止の議論をくり広げる対話篇。デイヴィッド・ヒュームの思想理解に欠かせない重要著作。一七七九年刊行。〔青六一九-七〕 本体七八〇円

……今月の重版再開……

中勘助作
鳥の物語
本体八五〇円〔緑五一-二〕

西田幾多郎著
思索と体験
本体七八〇円〔青一二四-二〕

ジャック・ロンドン著／行方昭夫訳
どん底の人びと
―ロンドン1902―
本体九二〇円〔赤三一五-二〕

加藤郁乎編
芥川竜之介俳句集
本体七四〇円〔緑七〇-一三〕

定価は表示価格に消費税が加算されます

2020.1